# Guía fácil de feng shui

Bernd Nossack

# Guía fácil de feng shui

Traducción de Natalia Gascón

ROBINBOOK

Si usted desea que le mantengamos informado
de nuestras publicaciones, sólo tiene que remi-
tirnos su nombre y dirección, indicando qué temas le interesan, y gustosamente complacere-
mos su petición.

Ediciones RobinBook
Información Bibliográfica
Aptdo. 94.085 - 08080 Barcelona
E-mail: robinbook@abadia.com

*Visite nuestra*
**WEB**

*www.robinbook.com*

Título original: *Feng Shui für Gesundheit und Erfolg.*

© 1997, Urania Verlag.
© 1998, Ediciones Robinbook, SL.
    Aptdo. 94.085 - 08080 Barcelona.
Diseño cubierta: Regina Richling.
Fotografía: Regina Richling.
ISBN: 84-7927-274-0.
Depósito legal: B-30.392-98
Impreso por LiberDuplex, C/. Constituciò, 19 - Bloc 8 - Local 19
08014 Barcelona

Impreso en España - *Printed in Spain*

# Introducción

¿Conoce esta situación? Atraviesa el umbral de una puerta y se siente tan atraído por todo lo que le rodea que no puede evitar quedar completamente fascinado por el lugar que está pisando. Es como si le hubieran cargado literalmente de energía. Una experiencia de este tipo puede contribuir a que olvide sus preocupaciones y adopte una actitud más optimista.

De igual modo, la mayoría de nosotros también habrá experimentado la sensación contraria: al entrar en una casa uno se siente incómodo ya desde el primer momento.

En la mayoría de ocasiones se confirman «estas primeras impresiones» de una casa, un piso, su ambiente, la atmósfera que allí se respira y todo lo que se halle relacionado con este lugar. La unión con las personas que viven en un espacio positivo suele mantenerse viva, y algunos aspectos de las relaciones personales también se ven condicionados por las influencias del entorno.

Por otro lado, resulta difícil mantener un contacto neutral con personas que viven en un ambiente conflictivo. Y sabemos que un entorno deprimente puede ejercer un gran efecto absorbente negativo, que, con frecuencia, sólo puede ser vencido mediante profundos cambios en la personalidad o una lucha constante por parte del interesado.

A menudo con los lugares y sus impresiones se asocian

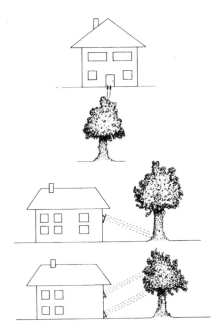

*Un árbol delante de la
entrada de una casa actúa
siempre como una flecha
ofensiva, que puede
repercutir negativamente
en la salud, el bienestar
y la fortuna de las personas
que vivan en ella.
Los espejos constituyen
medidas eficaces para
desviar la energía
perjudicial al cielo
o al suelo.*

posteriormente cadenas de acontecimientos que de manera inexplicable pueden tener un sentido ya sea positivo o negativo. Reflexione por un momento de qué forma ha podido influir en su ánimo un simple cambio en la disposición de los muebles en su casa o pintar de otro color una habitación, escogiendo para ello incluso mezclas de colores sofisticadas. La propia combinación de las prendas de vestir no actúa de forma muy distinta en la psique.

Los criterios estéticos marcan la disposición de ánimo de algunas personas, influyendo en nuestra conciencia social. Si nos detenemos a observar la arquitectura moderna, comprobaremos que es posible que dominen las formas puntiagudas y angulares. En algunos casos, de una fachada en forma de flecha emana la influencia que proyectarían los colmillos de un pitbull terrier, orientada hacia otro edificio y, por tanto, a personas. Sin embargo, nadie parece percatarse de ello.

# El primer paso

Comience por introducir cambios en su hogar, buscando las denominadas flechas ocultas en su piso o casa. Se trata de poderosos factores negativos secretos que actúan sobre el inconsciente. En el feng shui se identifican como «flechas ocultas», entre otras, las aristas de los muebles, las esquinas de paredes sobresalientes y otras formas agresivas similares cuyo ángulo o puntas se hallen orientados hacia sillones, tumbonas o sofás. Producen el denominado sha chi o energía negativa.

- Así, pues, si una mesa auxiliar de un sofá que está de moda presenta una forma puntiaguda, oriente sus puntas hacia una dirección neutral. Evite que los vértices apunten hacia usted o hacia las personas que se sienten en el sillón.

- En caso de que tenga un archivador de CD que acabe en punta por arriba, líjelo de modo que la punta quede redondeada. Y es que de un lado u otro proyectaría su influencia sobre las personas.

- Asegúrese de que los cantos de los armarios o estanterías no estén dirigidos hacia usted, pero sobre todo no disponga las esquinas a sus espaldas. En algunos casos, ello podría suscitar asociaciones relacionadas con dolores de espalda o con algo que aceche a uno por detrás.

- Si enfrente de la puerta de su casa tiene un árbol, un pilar o el poste de una farola, coloque un espejo en la puerta o en una ventana, a fin de que desvíe la energía de esta flecha externa hacia el cielo o el suelo (véase ilustración).

# Las claves del diseño

El médico americano Larry Dossey, defensor de corrientes médicas que incluyan el *biofeedback* y complejos procesos mentales en el tratamiento de las personas, observó en una ocasión que en cierta manera la salud podía «contagiarse», del mismo modo que una enfermedad. Esto sucede cuando se transmite una determinada mentalidad de salud junto con las convicciones y conductas acordes a ésta.

Del mismo modo, cabría esperar que ciertos impulsos estéticos junto con una conciencia de la armonía influyeran positivamente en otras personas.

## Cree la armonía interior a partir de la exterior

Y en la medida en que tengamos presentes los efectos psicológicos y sociales en la configuración de la arquitectura, la moda y los objetos de consumo, la cultura se convierte sistemáticamente en un diseño mental llevado a la práctica. Esto puede aplicarse en concreto, por ejemplo, a los resultados financieros de una empresa, pero también a la eficiencia de las autoridades y la política.

La consecuencia sería que el feng shui, si realmente refuerza la energía positiva en edificios y estancias, también trazaría nuevos círculos positivos. Los cambios en el ámbito doméstico serían de una calidad comparable: al igual que una piedra arrojada al agua que, al alcanzar la superficie, da lugar a círculos cada vez más grandes.

Cuando dispongo mobiliario e indumentaria, que irradian armonía y vitalidad, en una relación positiva con mi entorno, mi suerte también aumenta. Es como si «se activaran» unos circuitos de conciencia colectiva, con los que se establece una vinculación energética personal. Armonizarse con el entorno por medio de un diseño consciente de los lugares, las estancias y sus detalles, es un ejemplo vital de la recuperación de unos conocimientos muy antiguos transmitidos de generación a generación, brindando la oportunidad de adoptar una visión de futuro dinámica.

Precisamente en una época en que la sociedad se ve atenazada por temores y un cierto pesimismo en relación con el futuro de la economía, la seguridad y la paz interior, existe una necesidad perentoria de tener una visión del porvenir.

El feng shui ofrece la oportunidad de configurar el futuro de forma positiva, ya que la armonía en la arquitectura y el diseño, es decir, el predominio de una energía mental positiva en la estructuración interior y exterior, es capaz de influir de forma inconsciente en las convicciones sociales, articuladas sobre los gustos.

En la civilización griega en tiempos de Pitágoras, la armonía de los números revestía una gran importancia. La sección áurea como *medida del hombre* en el arte y la arquitectura desempeñaba un papel trascendental en la estética. A ello cabe añadir que los campos se hallaban divididos mediante una estricta repartición geométrica y eran consagrados al *espíritu del lugar* y a su número asociado. En este sentido existe una conexión con el feng shui chino, que relaciona estrechamente los números y la orientación relativa a los puntos cardinales y les atribuye contenido simbólico.

## Mentalidad del espacio de los griegos

El centro en torno al cual giraba la civilización helénica lo constituía el ónfalos de Delfos, que simbolizaba el núcleo del mundo para los griegos. Era una piedra que, al igual que la ka'ba en La Meca para los musulmanes, se consideraba sagrada y fue ofrecida a Apolo. En este lugar sagrado se convocaba al oráculo de Delfos una vez al año. Según la tradición, bajo la piedra se encontraba el espíritu de la serpiente de la Tierra, lo que hoy denominaríamos la *energía electromagnética* del mundo conocido en aquellos tiempos. Esta fuerza se hallaba, según los griegos, concentrada en un punto y, al parecer, las personas podían beneficiarse de ella, es decir, activarla para alcanzar la fortuna y el bienestar. Por esta razón, la piedra de Delfos también era considerada el centro de la Tierra.

Apolo era el dios celestial del sol; a él se le asociaba el culto al vencedor del dragón, que combate la oscuridad y el caos. Por encima de la fuerza de la madre naturaleza, el principio originario, triunfó la lógica masculina del patriarcado.

De hecho, la gran presencia de columnas en la civilización griega ya representa un claro dominio de la masculinidad a través de estos símbolos fálicos. En aquella época ya se perfilaba claramente la postura occidental que desde tiempos remotos aspiraba a someter, dominar y alinear las violentas fuerzas de la naturaleza.

Si bien la civilización china ha podido ser aún más patriarcal en cierto sentido, cabe señalar que los chinos mantuvieron una relación mucho más íntima con las raíces de la naturaleza. De esta forma, la energía del dragón siempre fue considerada como una fuerza positiva.

## Lo primero que debería hacer es...

prestar atención a los lugares y estancias, en su casa, en su entorno o en cualquier sitio. Advierta qué es lo que actúa de forma agradable e intensa sobre usted, así como las formas, prototipos y colores que despiertan en usted diferentes tipos de asociaciones positivas.

- ¿Relaciona el amarillo con el sol o con un campo de maíz? ¿O más bien le sugiere pensamientos incómodos? ¿Ello se debe a alguna razón? En caso afirmativo, ¿a cuál?
- Considere también las formas de los objetos y pregúntese a qué le recuerdan. ¿Reconoce tal vez caras humanas o calaveras de animales en las piedras o en formas de cortezas de árboles? Ello se traduce, por ejemplo, en que no debería conservar guijarros en el jardín, en los que pueda identificarse la imagen de una rata. Ello podría transmitir fuerzas en todo el entorno de efecto destructor.
- Pregúntese también por qué las vigas del techo ejercen en usted una influencia benigna en algunos casos y, en otros, actúan de forma opresiva. ¿Qué le sugieren los rincones en un determinado ángulo? ¿Repercuten negativamente en su percepción del espacio o le infunden una sensación agradable y confortable? Con el tiempo podrá incluso no sólo advertir si su entorno resulta ópticamente más sugerente cuando dispone los muebles de una determinada forma, sino que también será capaz de tener la impresión, en el caso de que las influencias sean positivas, de que el espacio se expande o bien, si son negativas, de que se

▶

contrae debido al dominio de las energías de uno u otro signo.

- Preste atención a los mensajes que las personas que aprecia y con las que tiene una estrecha relación dejan en su entorno y que incluso al día siguiente puede seguir reconociendo en los objetos a su alrededor. Por el contrario, existen muchos programas televisivos, por ejemplo, pero también conversaciones o pensamientos propios, que dejan una impronta negativa en las cuatro paredes.

- Medida para combatir este fenómeno: consiga un poco de salvia en la herboristería más cercana y compre una concha en un establecimiento de objetos de decoración o bien hágase con un recipiente de latón. Queme aquí la salvia y purifique su vivienda con el humo.

- Puede acompañar esta medida con la pronunciación de la sílaba sánscrita sagrada *aum*, que ejerce un efecto purificador en las diferentes estancias si la entona prolongadamente imprimiendo una cierta vibración a la voz (algo así como: a-u-m-m-m). Advertirá sus efectos: la vibración incide en las habitaciones.

- Según se afirma, las salas almacenan una gran cantidad de energía cuando se toca el tambor en ellas. Tocarlo una vez a la semana durante media hora puede conferir mucha energía a las paredes. Esto puede ser importante si uno atraviesa precisamente una época en la que no le sucede nada interesante. Además, toda clase de música armónica deja una resonancia positiva en el espacio, especialmente cuando es uno mismo el que la toca.

## El poder de Roma y la radiestesia

De la arquitectura de los romanos cada vez sabemos aspectos más sorprendentes. Al parecer, sus templos y fuertes se hallaban alineados con líneas energéticas de la Tierra, y sus fronteras, al menos en parte, se encontraban orientadas hacia ellas. En este contexto, desempeñaba un papel fundamental la denominada *cuadriculación global*. La radiestesia considera esta retícula como una estructura energética que se extiende de forma cuadricular sobre toda la superficie de la Tierra.

Posiblemente se utilizaban hábilmente las líneas energéticas a fin de conferir a sus construcciones un *continuum* de inexpugnabilidad.

### ¿Ya lo sabía?
### El homólogo occidental del feng shui

- El feng shui se define en el mundo occidental como la versión china de la geomancia. Esto es cierto con algunas reservas, ya que la geomancia constituye originariamente unos conocimientos tradicionales acerca de las fuerzas de la Tierra, su exploración y su uso práctico. El feng shui, además, trata de complejos sistemas de símbolos y análisis de diseño mentales.
- La geomancia occidental clásica investiga, por ejemplo, el influjo del denominado «estrés geopático». Otra área especializada también trata, por otro lado, las líneas energéticas (leylines), que en algunos casos unen lugares situados a miles de kilómetros de distancia entre sí, como las pirámides de Egipto y los megalitos de Gladstonebury.

Así, pues, ¿existían ya en tiempos de los romanos conocimientos sobre los canales energéticos del suelo, que influyeron en la conquista del imperio? A este respecto escribe Stefan Brönnle, ingeniero de conservación y ecología del paisaje por la Universidad de Múnich: «Utilizaban sus conocimientos de geomancia para conquistar a otros pueblos. Incluso el césar en calidad de *pontifex maximus* era conocedor de estas cuestiones. Todas las batallas que el césar libró contra los celtas en Francia tuvieron como escenario los lugares sagrados de los galos». El objetivo consistía en someter también los lugares sagrados de las regiones conquistadas por los romanos y dominar así también a los pueblos invadidos en el plano espiritual.

## Chartres: baremo celestial

En los siglos que siguieron a la civilización grecorromana se construyeron en Europa obras caracterizadas por los motivos cristianos. El estilo gótico tiene para A. T. Mann, arquitecto afin-

*La nave de Chartres, formada por bóvedas que aspiran a alcanzar el cielo, testimonio de la orientación del hombre hacia el más allá en el gótico.*

cado en Dinamarca, «una liviandad cristalina, una clara voluntad de alcanzar el cielo». Como ejemplo expresivo de esta corriente menciona la catedral de Chartres, en la que también puede observarse la influencia de Pitágoras y otros filósofos.

Una de las visiones del mundo incorporada a las formas de la catedral consistía en que todos los números se derivaban, por decirlo de alguna manera, de la unidad divina. A. T. Mann habla de una «encarnación de los números y la geometría en lo humano» (*Arquitectura mística*, Astroterra, 1995).

Existen críticos de cultura que sostienen que al menos en la época del gótico tardío estas construcciones religiosas confortaron a ciudades y pueblos frente a la míseras condiciones de vida en Europa. En la Edad Media la sociedad no se hallaba sólo asolada por el látigo de la peste, sino que la mayor parte de la población también padecía las secuelas de la pobreza y la servidumbre. En este sentido, consideraciones estéticas arquitectónicas aparte, este estilo también preservaba el poder en esta vida.

El Renacimiento fue la época en la que la autoridad todavía era absolutista, y la conciencia seguía mostrándose prepotente a través de tabús morales y dogmas teológicos. No obstante, fue en aquellos tiempos cuando Galileo enunció su visión heliocéntrica del mundo con el sol en el centro del sistema planetario; en la investigación se abrieron nuevos horizontes, y se descubrió el yo en la pintura y la poesía: había nacido la propia conciencia individual.

El diseño de los jardines y el paisaje durante el Renacimiento dio fruto a largas avenidas rectas y amplias veredas. La claridad y la amplitud de espacio (al igual que la conciencia del yo busca espacio para sí) determinaron de forma clave las formas de las casas, las poblaciones, los parques y las avenidas durante los siglos venideros.

*Las promesas de salvación de la Iglesia se manifestaban, sobre todo, en las bóvedas de los templos góticos. Son interesantes las numerosas suposiciones y especulaciones que se han forjado en torno a las grandes catedrales europeas. Así, se ha llegado a afirmar que los arquitectos solían ser masones que preservaban antiguos conocimientos occidentales acerca de las fuerzas de la Tierra, atribuidos originariamente a los etruscos y los druidas celtas.*

## Arquitectura carismática

La arquitectura siempre se ha hecho eco del sentir de cada época. Esperanzas, inquietudes y proyecciones espirituales se han reflejado en este arte a través de los tiempos de forma mucho más duradera que en la efímera moda que viste al hombre. Y es que las casas suelen permanecer decenios, siglos y a veces aún más tiempo.

De esta forma, se preserva a lo largo de las generaciones el mensaje espiritual que el arquitecto consciente o inconscientemente dejó en las formas de las paredes, escaleras, columnas o poblados y ciudades enteras.

Desde hace unos 4.000 años los chinos tienen su propia filosofía sobre la arquitectura, y desde hace 2.500 años existen testimonios escritos sobre esta disciplina denominada *feng shui*. Esta ciencia tradicional de Extremo Oriente es un sistema cuyo objetivo estriba en aumentar la irradiación vital de las estancias y los edificios con ayuda de un diseño elegido conscientemente y calculado con precisión según baremos psicológicos. En el feng shui tanto el diseño y la situación de una casa como los colores y los detalles del mobiliario de los interiores revisten una misma importancia simbólica. Según esta filosofía, mediante estas medidas constructivas y la observación de unas cuantas «reglas de juego» esenciales pueden intensificarse las energías de la persona que viva y trabaje en un edificio.

A lo largo de las diferentes épocas se ha preservado un gran número de aspectos de la cultura arquitectónica china y de decoración de interiores. Sin embargo, existe una fuerte tendencia actual a adaptar las reglas tradicionales a los gustos modernos. Lo que realmente importa a los expertos de esta filosofía de arquitectura es proporcionar una estructura de diseño al hombre, en la que confluyan la fortuna, la salud y la armonía.

El punto de mira decisivo fue puesto en el hombre en medio del campo de tensión de las fuerzas de la naturaleza, como el magnetismo de la Tierra, los influjos cósmicos y otros factores. Traducido literalmente, *feng shui* significa «viento y agua». Los efectos que, según la antigua tradición china, estos dos elementos naturales ejercen sobre casas, salas y personas se tratarán a lo largo de esta obra con mayor profundidad.

## Modelo de fortuna de Extremo Oriente

En la ex colonia británica de Hong Kong, de 1.045 km² de extensión y una población de 5,85 millones de personas en la actualidad, se ha conservado intacta la tradición del feng shui, al igual que en el Singapur malayo, con su alta cuota de población china emigrante, o en Taiwan (China nacionalista). Por otro lado, Hong Kong se considera la meca del feng shui.

Apenas existe un negocio, ya sea el palacio de cristal de una compañía de seguros o la pequeña casa de un artesano, que no sea planificado por expertos de feng shui junto con los arquitectos. Con frecuencia, los periódicos locales dedican extensos artículos a comentar el «feng shui» de un importante edificio nuevo, y a menudo también se refieren los casos de empleados que rechazan trabajar en unas oficinas que presentan unas características negativas desde el punto de vista del feng shui. En estas circunstancias, el jefe debe pensar en tomar medidas, recurrir a los servicios de un asesor e introducir cambios drásticos a fin de mejorar su entorno. Asia, que se subió al tren de la revolución industrial con algo de retraso, pero que ha demostrado llegar a la altura del progreso mundial en un tiempo increíblemente breve, siendo hoy el espacio económico con las tasas de crecimiento más elevadas, viene deparándonos siempre nuevas sorpresas a los occidentales desde hace algunos años: ¿Cómo se alcanza un potencial económico de esta envergadura? ¿Qué principios se ocultan tras este éxito?

## Aura de la inexpugnabilidad

El feng shui chino se preciaba de ser uno de los secretos mejor guardados del Extremo Oriente. Tras todo esto se esconde una actitud fundamental que, al parecer, la persona de éxito en Asia asimila ya con la leche materna. En este sentido, existe un secreto «tras el secreto».

El dominio de unas reglas formales puede favorecer considerablemente las energías de una persona. Así, se han dado numerosos casos asombrosos entre los occidentales que han aprendido a aplicar el feng shui y que han logrado desarrollar nuevas facetas, así como la creatividad en el trabajo gracias a esta ciencia. Sin embargo, con el feng shui sucede como con el deporte de competición. Así, por ejemplo, se podría alcanzar una gran capacidad si un atleta aplica las reglas aprendidas de tal modo que deja de actuar él mismo. Sucede en él y a través de él. Se funde con algo que no se puede expresar me-

*Perfil de la ciudad
de Hong Kong.*

diante palabras. Pongamos por ejemplo el tiro con arco: en un determinado momento el brazo que tensa el arco, la flecha y el blanco se convierten en uno. No existe diferencia alguna entre el que actúa y los objetos que utiliza. Y, debido a que todo es uno, la flecha da indefectiblemente en el blanco. Este mismo fenómeno también se da en el feng shui. La verdadera maestría se reconoce cuando de repente las circunstancias de la vida mejoran sensiblemente al haber entrado en contacto con esta energía o calidad especial.

Las personas en Occidente pueden aprender mucho de la naturaleza de estos logros en cuanto alcancen a comprender esto: algunos gestos rituales, que pueden llevar al triunfo en el deporte de competición, son tan importantes en ciertos aspectos como la propia victoria.

Un ejemplo: el que se inicia en el judo o el kárate lo primero que aprende es que al pisar el *dojo* debe inclinarse ante la sala. Algunos lo hacen porque se espera de ellos que realicen esta ceremonia, y otros, porque para ellos encierra una especie de estímulo folclórico.

Sin embargo, sólo se abarca el sentido de esta reverencia cuando se percibe el espíritu del lugar en el que uno se encuentra en ese momento.

Quien adquiera una sensibilidad al respecto con el tiempo se percatará de que en los diferentes lugares puede percibir algo especial que parece respirarse en el ambiente.

Los expertos de feng shui comentan que si uno acude a una cita, y se siente irritado, debería pedirle permiso al «espíritu del lugar» para poder entrar en ese lugar. Nunca le negará el acceso, pero es preciso requerir su consentimiento antes. De esta forma, uno se ve amparado por un apoyo único en un espacio ajeno, como si estuviera en casa.

## El espíritu del lugar protege

Las personas de regiones del mundo en que la cultura se encuentra más vinculada con la naturaleza, se sorprenden cuando comprueban cómo occidentales «civilizados» al encontrarse en un bosque se comportan como si estuvieran en un *camping*. Las personas procedentes de estas culturas pedirían primero permiso a los espíritus del lugar cuando llegan a un sitio extraño, ya que para ellos los espacios tienen una especie de «memoria» de todos los sucesos acaecidos allí.

Creen en las relaciones energéticas entre el suelo, una montaña y los árboles centenarios, entre el monte bajo y el sotobosque, así como entre las especies de animales que tienen allí su hábitat. Todo ello conforma una conciencia con la que uno se puede comunicar de forma sutil y que siempre debe abordar con respeto. A quien no se comporte así, es posible que no le suceda nada en Occidente; sin embargo, en una zona tropical la selva podría responderle con la mordedura de una serpiente o la picadura del mosquito de la malaria.

La comunicación con el entorno y con las energías invisibles hace tiempo que se lleva a cabo mediante símbolos y rituales que en principio tienen la función de abrir el ser humano a tipos de percepción más sutiles.

Otra clave mental que utilizamos de forma constante a diario ya sea consciente o inconscientemente es la visión. Algunas personas de mucho éxito han aprendido, en su mayoría a edades muy tempranas –durante la infancia o en situaciones posteriores de adversidad–, a acoplar una imagen de sí mismas positiva con la firme confianza en la viabilidad de sus metas. Cuanto más nítido se perciban internamente ambos aspectos en forma de flujo constante de imágenes, tanto más probables serán las perspectivas de éxito personales, incluso en épocas de crisis. Quienes tienen este don poseen una fuerza visionaria, que utilizan como si de un músculo entrenado se tratara. Existen personas que dejan desfilar ante su ojo mental una determinada casa en todos sus detalles, la toman «en posesión» internamente y la erigen. Y un día descubren atónitos, ante un portal, que allí está la casa que imaginaron.

## Energía visionaria en el feng shui

¿Cómo suceden estos fenómenos? Al igual que existe un diseño mental externo que refleja la estructura física en la construcción y la moda, también existe un diseño interno, el «esbozo propio» mental de la personalidad, así como los sueños forjadores del propio papel y de los distintos proyectos de futuro en imágenes internas. Hasta qué punto la fuerza visionaria puede influir en la realidad depende de la energía física, con la que se «electriza» el diseño interno.

En este sentido, el feng shui se ve potenciado como conjunto de cálculo metódico del diseño externo cuando uno se imagina cómo empieza a fluir la energía. A pesar de que se ha podido comprobar una y otra vez cómo surten efecto las medidas aplicadas, aun cuando no se cree en ellas, se sabe que el feng shui actúa en otras dimensiones cuando las personas se sensibilizan hacia esta ciencia hasta el extremo de entender sus claves visionarias desde dentro.

Otro fenómeno que contribuye a cargar con energía física el conjunto de elementos estructurales externos puede ser puesto en marcha mediante rituales. Y es que éstos constituyen en cierto modo relés para el flujo de energía hacia nuestra realidad. A continuación conocerá uno de estos rituales. Purifique los espacios dispersando el humo de salvia quemada y frote la madera antigua, que según el Dr. Jes Lim puede impregnarse fácilmente de energía mental, con un guante de cuero, a fin de purificarla simbólicamente.

## Ritual de las energías

### Inauguración con pompa
En el Hong Kong actual los empresarios aplican una especie de «magia cotidiana», en busca del éxito personal. Existe un ritual, por ejemplo, que ayuda, según dicen, a cargar las oficinas de poder al instalarse en ellas. Naturalmente, este rito también se puede realizar en las estancias de la vivienda privada.

■ Y así funciona: una hora antes de comenzar a aplicar el procedimiento se cierran puertas y ventanas y se corren las cortinas de forma que no entre la luz. Asimismo, también se cubren todos los tubos de ventilación y otros orificios que tengan salida al exterior. Debería asegurarse de que el material escogido para ▶

ello no deje pasar la luz. La Dra. Evelyn Lip, conocida internacionalmente por su obra sobre el feng shui, en la versión original del ritual recomienda incluso cubrir todas las ventanas con una tela negra. Otros señalan (no sin razón) que el negro se asocia a ciertos aspectos negativos, al menos en Occidente. Así, pues, es mejor utilizar un material cuyo color propicie las imágenes positivas (menos el blanco, que significa luto según la percepción china).

- A ser posible, en la última hora antes del comienzo de la ceremonia no debería haber nadie, ni perros ni gatos, en las estancias. Deberán desconectarse todos los dispositivos eléctricos y en el exterior, delante de la puerta, se adornará con una cinta el contorno de la placa del nombre de la empresa (si es necesario, péguese con parches adhesivos).

El rojo es un color de la suerte en China. La experta en colores en feng shui Sarah Rossbach observa que no en vano pudo imponerse la revolución comunista (es decir, «los rojos») en aquellos tiempos en aquel país. Consideraciones al margen, para nosotros una cinta roja delante de la puerta significaría algo así como encender la conyuntura personal.

- Tras la persona principal todos los participantes entran en las distintas salas como si fuera un lugar especial. Todos llevan velas, bengalas o encendedores en la mano. Una vez dentro, se retiran todas las cortinas o telas que tapen las ventanas y se encienden todas las luces. Ahora, las distintas salas se hallan recorridas simbólicamente por «electricidad vital». Finalmente, la persona principal abre una botella de champán y se brinda por la suerte, los buenos negocios y la salud.

# El misterio de la simultaneidad

Un sistema de percepción actual que ayude a comprender lo sobrenatural, los rituales y la visión, permite diferenciar de forma lógica entre manifestaciones y fenómenos de atributos similares. Ejemplo: un gato negro y una mala racha inexplicable. Ambos signos encierran algo «oscuro», casi misterioso, pero no son idénticos. Además del «sano juicio humano», es decir, el filtrado lógico de información y experiencias, existe una intuición o un conocimiento de que, sin lugar a dudas, hay cosas y circunstancias que no pueden explicarse únicamente mediante la razón.

Y en instantes muy concretos algunas personas son capaces de vincularse, por así decirlo, con un símbolo, con la fuerza de un animal, con la «conciencia» de un árbol o una montaña. O tal vez adivinar algunos aspectos de los destinos de aquellos que moraron la casa hace decenios, siglos o incluso más tiempo.

## El feng shui determina los lugares simbólicos

Quien tenga sensibilidad hacia el aura positiva o negativa de las habitaciones y frecuente instintiva o conscientemente un entorno lleno de energía, podrá comprobar cómo le va mejor a medida que se sensibiliza cada vez más en relación con estos fenómenos y adopta una determinada conducta en consonancia con ellos. Hay personas que van directas hacia el éxito. Necesitan menos horas de sueño, tienen más energía para el deporte, el tiempo de ocio, etc. Los denominados «potenciadores energéticos» también pueden ser símbolos de los que uno puede rodearse, ya sea en forma de un cuadro colgado en la pared, integrado en la decoración, o en forma de joyas que se lleven puestas. No obstante, también puede ser importante la dirección hacia la que estén orientados el horno o el color del teléfono.

Las causas de estos fenómenos no cabe buscarlas en circunstancias «causales», sino «análogas». Ello significa que una persona no tiene suerte porque lleve un amuleto de la fortuna, sino que es probable que este símbolo esté llamado a participar en una historia que conlleve el éxito.

## Augurios de los números

La abundancia de sincronismos que se pueden establecer con los números resulta poco menos que inagotable. Un ejemplo asombroso es el relacionado con el científico Wolfgang Pauli. Se dedicó hasta el final de sus días a cuestiones en torno a la denominada constante de la estructura fina –una magnitud matemático-física– asociada al número 137.

Un día el científico, que ya anteriormente había padecido enfermedades graves, tuvo que ser ingresado en un hospital, precisamente en una habitación con el número 137. Personas allegadas a él afirman que el enfermo había dicho que «de aquélla no salía». Poco después el científico moría efectivamente.

Si se suma uno y tres –las dos primeras cifras del número 137–, se obtiene el cuatro. En este número también aparece en último lugar el número siete. Si a algunos hombres de negocios chinos de convicciones tradicionales se les ofrece una habitación con el número cuatro o combinaciones con el cuatro, como, por ejemplo, 47 o 46, puede suceder que el interesado solicite, agitado, una habitación con un número completamente distinto. El motivo radica en que el cuatro es considerado, entre ellos, el número de la desgracia. No en vano en chino «cuatro» suena igual que «muerte».

Los antiguos significados simbólicos en Occidente tampoco entrañaban necesariamente buenos augurios. El cuatro, por ejemplo, representaba antiguamente «llevar la cruz del mundo», es decir, vivir y trabajar en condiciones difíciles.

Así, tal vez algunos europeos sensibilizados ante este tipo de cuestiones prefieran cambiarse de número de cuenta o de habitación en un hotel.

¿Y cuando se trata del número de la propia vivienda? Cuando uno no acierta a avanzar precisamente en aquel edificio, ello podría ser un indicio de que el número podría estar ejerciendo su influencia. Una posibilidad es mudarse, otra (en caso de que ello sea posible), retirar discretamente la placa del número de la casa, y una tercera opción, colocar al lado de la puerta una placa de latón o cartón con el nombre de la calle, pero con otro número.

## Significados de los números de la dirección, teléfono, cuenta y combinaciones de cerraduras de maletas

**1** = (Occidente) Unidad, centro, principio
**2** = (Occidente) Escisión, duda, romance
**3** = (China) Alguien te ayuda, (Occidente) Creatividad
**4** = (China) Muerte, (Occidente) Llevar su propia cruz
**5** = (China) Suerte, (Occidente) Creatividad
**6** = (China) Vía libre, buen camino
**7** = (China) Paradójico: ladrón, mandarín, mujeres
**8** = (China) Riqueza
**9** = (China) Vida longeva

En Hong Kong las matrículas y la dirección de edificios que contengan el «86» se encuentran entre las más buscadas, ya que se cree que conducen a la vía libre hacia la riqueza. En China una misteriosa «magia de los números» llevó antiguamente a seguir un exhaustivo sistema de armonía y simbolismos en las medidas en la vida cotidiana, en concreto en marcos de puertas, muebles, planos de planta, etc. Pero volvamos al tema de los augurios. Existen maestros de feng shui especializados en hacer recomendaciones urgentes en relación con las estancias en el hospital (recuérdese el caso de Pauli). Cuando uno va a ser operado, deben tomarse algunas precauciones. En primer lugar, procurar que después de una intervención se salga del quirófano primero con la cabeza, de ningún modo al revés, ya que se dice que quien abandona la sala de operaciones primero con los pies o bien no superará las consecuencias posoperatorias o bien deberá someterse a una nueva intervención.

Como mínimo cabría esperar considerables complicaciones. Así y todo, no se atormente a posteriori con preguntas como «¿cómo fue en mi caso?». Un chino le diría: «Mire hacia el futuro y procure que en su casa haya un buen feng shui». En relación con lo anterior, puede establecerse una analogía con el dormitorio. No duerma con los pies en línea directa con la puerta, puesto que en esta posición sería como una persona que abandona el quirófano primero con los pies: en definitiva, como un cadáver. Tras todo ello se esconde –sin que se llamen a las cosas por su nombre– el temor de que esta desfavorable posición en la cama podría ir acompañada de importantes sincronismos negativos. Éstos no tienen por qué tener necesariamente la muerte como consecuencia, pero podría producirse una cadena de acontecimientos desagradables, si se hace caso omiso de estos aspectos del feng shui.

*Flautas en disposición bagua (atención: no utilice clavos para sujetarlas).*

## Algunos objetos de simbolismo positivo

**Estatua de la Libertad (Liberty):**
Símbolo apreciado, atrae energías positivas relacionadas con el estilo de vida moderno.

**Figuras de ángeles:**
Son extraordinariamente favorables, ya que, según dicen, poseen fuerza magnética sobre energías positivas.

**Estatuas de Buda:**
Es importante tratarlas con respeto, puesto que requieren su propio espacio de energía. Debe tenerse cuidado con muchas esculturas asiáticas, debido a que pueden representar divinidades encolerizadas.

**Espejos octogonales:**
Los fabricantes suelen diseñarlos con fulgurantes marcos dorados, plateados o de latón. Guardan una fuerte relación con el ocho, número de la suerte en China.

**Miniaturas de elefantes:**
Entre otros representan la fuerza, el amor a la paz, la energía primaria.

**Representaciones de delfines** (por ejemplo, como móvil):
Futuro, ecología, sensibilidad inteligente hacia el cambio de milenio, nuevo paradigma.

**Tortugas (vivas o en forma de figuras):**
Antiguo símbolo chino de la suerte. Simbolizan –como se menciona en el *I Ching* en relación con el tema de la

▶

alimentación– la «fuerza mágica» interior del ser humano, la capacidad de atraer el alimento espiritual y material. Asimismo, representan la longevidad.

**Flautas y otros instrumentos de viento:**
Colocadas en la pared, en la denominada disposición bagua, refuerzan la energía de una estancia. Se puede –pero no es obligatorio– situar un bonsái entre ambos instrumentos. Cuanto más intensos sean, tanto mayor es el efecto energético. Por ello, preste atención a este aspecto en el dormitorio, ya que podría provocar alteraciones del sueño.

# Leyes de flujos de la energía vital

Hagamos memoria: *feng shui* significa, traducido literalmente del chino, «viento y agua». Raymond Lo –experto en feng shui procedente del país de origen de esta disciplina y licenciado por la Universidad de Hong Kong– opina que el nombre se deriva probablemente de unos textos antiguos, que tratan sobre las normas a observar en las sepulturas. En un pasaje de estos textos se citan dichos elementos: «El flujo de energía desaparece con el viento y es contenido por los límites del agua».

Raymond Lo sostiene que este pasaje se refiere a energías y aspectos del paisaje a los que se alude simbólicamente mediante el viento y el agua.

El viento sólo es bien recibido siempre por los navegantes. La mayoría de personas lo asocian con conceptos como «frío» o «incomodidad». Probablemente el viento no constituya necesariamente una fuerza desfavorable, dado que en el clásico *I Ching* se afirma, por ejemplo, que el viento puede ejercer una influencia de suaves efectos. Un viento cortante e intenso, no obstante, resulta perjudicial y devastador.

## Represión del sha chi

Mientras que, por lo general, es más ventajoso vivir en la proximidad del mar, dado que en estos lugares abunda la energía vital procedente del agua, también existen franjas costeras y bahías que constantemente se ven expuestas a fuertes vientos. Si, además, éstas reciben la influencia de corrientes marinas desfavorables, sucede con frecuencia que, debido a las condiciones del chi en esta zona, una casa cambia una y otra vez de propietario hasta el punto de no poder volver a venderse. Es conocido que los ocupantes de la casa siempre están enfermos y no conocen el éxito en los negocios.

En estos casos, puede resultar de ayuda, entre otras medidas, levantar diques contra el viento a una cierta distancia de la casa, de forma que ésta no se vea oprimida, preferentemente con vegetación. Por otro lado, los rotores de generadores eléctricos por viento pueden imprimir un movimiento espiral al sha chi de la energía afilada del viento. Pueden instalarse de forma que ópticamente queden bien y representen un beneficio energético, pero no deberán disponerse nunca como símbolos de flechas apuntando hacia la casa. En la medida de lo posible, deberían quedar fuera de la vista. Este principio puede trasladarse de forma análoga a otros ámbitos. En la categoría del viento también se incluye la energía cinética del flujo de la circulación. Así, por ejemplo, se considera por lo general desfavorable vivir al final de un callejón o en un cruce en forma de T. En ambas situaciones, la energía de la circulación, cuyo flujo debe imaginarse como si de una línea continua imaginaria se tratara, apunta hacia el edificio de viviendas o hacia el jardín o, en el peor de los casos, hacia la puerta de entrada.

Para proteger estas fincas situadas en lugares tan conflictivos, pueden disponerse pérgolas de varios metros de altura como cercado del jardín, así como un seto elevado. Lindes frondosas formadas por pinos o abetos también cumplen esta

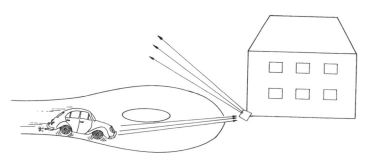

*Situación desfavorable al final de un cajellón: la energía de la circu-
lación incide en una puerta de entrada. Un espejo podría resultar de
ayuda en este caso si se dispone de forma que desvíe esta energía hacia el cielo (no deberá dirigirse nunca al tráfico de forma frontal).*

finalidad, ofreciendo la ventaja de que también protegen en
invierno. Lo que es importante tener en cuenta en el cercado
mediante árboles es que siempre han de estar situados a una
distancia adecuada con respecto a la casa.

En pequeños jardines o en balcones también se pueden disponer molinos de viento holandeses. Es una medida que puede tomarse en caso de que se dé la situación de que un callejón o un cruce en forma de T den al solar. Estos molinos no
le gustan a todo el mundo, pero se les atribuye la capacidad
de dar un movimiento en espiral al sha chi de forma simbólica (en una extensión muy determinada).

Si coloca un molino en su balcón, asegúrese de que las aspas no formen *flechas ocultas* que pudieran apuntar hacia
usted mismo o un miembro de la familia. Por tanto, el balcón
deberá ser suficientemente grande como para que el molino
pueda colocarse en el suelo y no llegue a la altura del corazón
de las personas que se sienten en este lugar.

Desde hace poco tiempo en los establecimientos de accesorios para jardines también comercializan patos de madera y
otros objetos de decoración similares. Sus alas rotatorias cumplen una función comparable a la de los clásicos molinos de

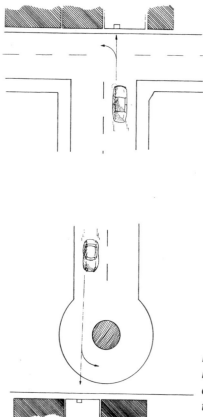

*La perspectiva de pájaro
muestra la influencia
de la energía penetrante
tanto en un callejón como
en un cruce en forma de T.*

viento, aunque no sean tan espectaculares. En todo caso es importante disponer estos elementos de modo que las alas, o las aspas en su caso, se orienten en la dirección contraria al lugar del que proceda el sha chi (la energía negativa).

Si vive en un edificio de viviendas de varias plantas situado en una posición especialmente desfavorable puede concentrar la energía en torno a usted en su piso mediante símbolos como figuras de Buda o patos alados de decoración y contrarrestar así el campo energético perjudicial.

La finalidad de todas estas medidas es aumentar el feng shui general de su vivienda de tal manera que, de forma similar al sistema inmunológico en el organismo humano, pueda neutralizar en cierta medida los efectos del sha chi. Si, aun así, su entorno continúa afectado negativamente, debería ir pensando en mudarse.

Asimismo, también cabe considerar lo transitados que estén el callejón o la calle que den a su casa. Si el tráfico es poco intenso en este lugar, el sha chi será relativamente poco influyente. Además, la velocidad de los vehículos también es otro factor a tener en cuenta. En una zona tranquila por la que apenas pasan vehículos, el influjo negativo es prácticamente despreciable, si todo lo demás está en orden.

La energía del viento es bastante similar al tráfico infernal de nuestras ciudades, si bien éste también puede presentar propiedades características de los fluidos como el agua. Recordemos, si no, por un momento cómo las corrientes de agua de los arroyos y los ríos originariamente eran más bien sinuosas.

En el caso ideal desde el punto de vista del feng shui un río va formando grandes meandros y, aun así, fluye con fuerza.

## Direcciones del flujo del chi

Así, las casas y solares ubicados a orillas de ríos y de lagos dominados por vientos suaves (en el margen favorable) constituyen buenos lugares según el feng shui. Es esencial, no obstante, que el agua presente una buena calidad y sea más o menos transparente. De lo contrario, predomina una importante presencia de sha chi.

Si, por un lado, un río con meandros (lo mismo puede aplicarse a los arroyos) es favorable para el entorno según la ciencia del feng shui, es fácil deducir que la alineación del curso de los ríos no sólo ha infligido un gran daño al paisaje, sino a las economías nacionales de Occidente. En China se

*Escaleras orientadas según las recomendaciones del feng shui.*

dice desde tiempos remotos que los espíritus buenos dan rodeos, en cambio los malos buscan siempre el camino más rápido y recto.

Por esta razón, existen reglas fundamentales para encauzar el flujo de energía en una casa o una vivienda. Así, por ejemplo, en los edificios modernos existe el mal hábito arquitectónico de enfrentar la puerta de entrada y la de salida que da a un balcón o a una terraza.

En este caso, el chi apenas tiene posibilidades de fluir por todo el espacio. Ello significa que entra por delante por la puerta y fluye directamente hacia la salida posterior.

En ese caso debe disponerse un objeto que bloquee la energía, como un móvil de campanillas delante de la puerta posterior, que mantenga el chi en la estancia, o bien colocar obstáculos que logren distribuirlo. Con ello se consigue que el chi dé rodeos y adquiera la característica del fluir del agua en un río sinuoso. De esta forma, tiene la oportunidad de repartirse por el espacio y de actuar de modo positivo; es atraído por factores secundarios relativos a los fluidos de la decoración de la vivienda o la oficina, en las que puede ceder algo de energía.

Existen subflujos que son generados por las ventanas. Además, la luz, ya sea natural o artificial, tiene la propiedad de encauzar la energía. Finalmente, las estanterías de obra en la pared también presentan propiedades de esta naturaleza (encontrará información más detallada en el capítulo «La zona de entrada: el recibidor», en la pág. 119 y sigs.). Entre los objetos que impiden un flujo rápido del chi y facilitan el acceso a los subflujos se cuentan las plantas grandes, los pequeños tabiques divisorios, los anaqueles dispuestos en sentido transversal y, en algunos casos, también los biombos.

Al margen del feng shui chino, en las cadenas de grandes almacenes y otros establecimientos se ha ideado un sistema de regulación diferenciada de los focos de luz, que invita a los consumidores a ir hacia las áreas en las que se desea incitar los impulsos de compra.

En este caso se utiliza, en definitiva, el principio por el que se canaliza el chi mediante la luz, que puede aplicarse per-

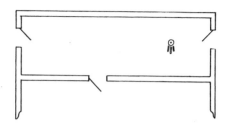

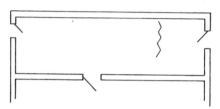

*Cuando la puerta
de la entrada y la posterior
se hallan enfrentadas,
el chi entra por delante
y sale de nuevo
inmediatamente por atrás.*

fectamente a oficinas, aunque también al ámbito doméstico
privado. Mediante la regulación de las luces se consigue concentrar el chi en el espacio, ya que se ve atraído por el cono
luminoso de los focos. Mediante elementos de iluminación
como lámparas de techo o focos que proyectan la luz hacia
abajo, así como mediante el tipo de disposición, dirigirá la ener-
·gía en mayor medida hacia la parte superior o bien hacia la inferior de la estancia.

## La luz, «bomba de energía»

La energía de tendencia ascendente en una habitación suele propiciar un estado de ánimo activo, estimulando en al-

gunos casos la circulación y el sistema nervioso simpático. De la luz proyectada hacia abajo, en cambio, cabe esperar el efecto contrario. En las personas es probable que estos focos dirijan la energía hacia los centros energéticos inferiores (chakras), de modo que también podrían ocasionar una estimulación sexual. De lo contrario, favorecen un estado de relajación, activando el sistema nervioso parasimpático (vago). No en vano las lámparas tradicionales del dormitorio se hallan orientadas hacia abajo. Toda clase de intimidad se ve potenciada gracias a puntos luminosos que dirigen la luz de esta forma.

Las lámparas de mesas de trabajo también proyectan la luz hacia abajo. No obstante, ello no tiene un efecto adormecedor, sino que asiste en la capacidad para trabajar de forma relajada. Además, la iluminación es menos difuminada en la sala; de esta forma, se dispersa poco, con lo que el chi se condensa en mayor medida en torno a la mesa de trabajo, potenciándose así la capacidad de concentración.

En este contexto, es interesante el aspecto por el que se puede aumentar el chi en una vivienda u otras estancias mediante la colocación de lámparas adicionales. Lo importante es que se trate de un foco que dé una luz cálida. Las pantallas o los tubos fluorescentes de diferentes colores incrementan el nivel energético condicionado por la luz en un sentido cualitativo a causa de su variedad cromática. Procure que haya un equilibrio entre los focos que proyecten la luz desde arriba y los que la dirijan desde abajo.

## Yin y yang: equilibrio de las tensiones

En el feng shui la tensión fundamental reviste una gran importancia, que, según la filosofía tradicional china, preside toda la vida. Se trata de la relación polar, no necesariamente opuesta, entre el yin y el yang.

Con frecuencia, se interpreta incorrectamente esta dicotomía, que suele considerarse bajo un prisma bastante limitado. Por lo general, se cree que el yin representa «lo femenino» y el yang, «lo masculino».

En realidad, se trata de contrarios mucho más elementales, cuyas correspondencias referidas al sexo podrán constituir una de sus múltiples facetas, pero que sólo son significativas en situaciones muy concretas. Es posible que la tradición de conceder un mayor énfasis a la polaridad sexual provenga del signo patriarcal que ha dominado la historia china.

Yin es el polo negativo bioeléctrico, una cualidad más bien receptiva, mientras que yang constituye una polaridad positiva. En otras palabras, el yin es empático y pasivo, y el yang, en cambio, impulsivo y activo. Si observamos el símbolo del yin y el yang, no obstante, podremos identificar en la parte clara (yang) un punto oscuro (yin) y, viceversa, en la parte oscura (yin), un punto claro (yang). Algunas asociaciones parecen bastante plausibles y son, en parte, conocidas. Así, el yin representa la noche y la luna, y el yang, el día y el sol. El yin encarna la relajación, el sueño y el sistema nervioso parasimpático, y el yang, el estado de alerta, la vigilia y el sistema nervioso simpático. Para el feng shui estas relaciones son relevantes, dado que en la vivienda y en la disposición de las diferentes estancias el objetivo consiste en alcanzar el equilibrio entre las tensiones generadas por ambos polos. Así, Lilian Too recomienda no iluminar demasiado (yang) una habitación, aunque, por lo general, sea conveniente potenciar el chi mediante la luz. Siempre debería dominar un juego íntimo entre la luz y las sombras. Y, de forma análoga, también puede establecerse un equilibrio armonioso en muchos otros aspectos.

*Tenga en cuenta algunos criterios yin-yang,*
*que garantizan un chi armonioso:*

■ Asegúrese de que en su vivienda no sólo tiene lámparas que iluminan hacia abajo ni tampoco únicamente focos que proyectan la luz hacia arriba. Elija, asimismo, lámparas que no den una luz demasiado intensa.

■ Los focos que iluminan hacia arriba representan más yang, y los que orientan la luz hacia abajo son más yin. Sin embargo, si un foco proyecta hacia abajo una luz muy intensa en haces, es de naturaleza yang. Es el caso, por ejemplo, de las luces halógenas en la mesa de trabajo.

■ Procure que el ambiente en su vivienda y áreas de trabajo no sea ni muy caluroso ni muy frío y que la humedad tenga un valor medio.

■ En cuanto al nivel del ruido también debería haber un equilibrio en la totalidad de las diferentes estancias, es decir, tratar de que haya zonas tranquilas en un lado y otras en las que puede predominar un volumen algo más elevado.

Puede ser interesante experimentar alternando los factores yin y yang en función de cómo se sienta emocional y físicamente en cada momento. Ello significa que en una fase de

*Símbolo del yin-yang.*

decaimiento, por lo general, uno debe concentrar más energía yang en torno a sí mismo, por ejemplo, encendiendo la luz. Compruebe qué sucede cuando tiene encendidas más lámparas que iluminen hacia arriba.

También puede elevar el volumen de la música, a fin de cambiar de humor o de salir de un agotamiento físico.

Y de pronto en algún lugar de la cabeza se le dispara un resorte, y se encuentra mucho más espabilado que hacía un momento, de mejor humor y más lúcido.

Pero tal vez prefiera concentrarse en algo, para lo cual la luz orientada hacia abajo de una forma determinada le confiere justamente la energía que precisa para materializar lo que busca. En todo caso, una iluminación de este tipo en la estancia puede transmitirle una sensación especial (o una determinada forma de ver u oír las cosas que le rodean).

Posiblemente algún día se le antoje experimentar más yin que de costumbre o desee relajarse mediante una luz tenue. En estas situaciones suele apetecer tomar algo dulce (yin), aunque si opta por disfrutar de otros placeres similares propiciados por estímulos ambientales, podrá obtener un sustitutivo menos calórico. También resulta sugerente disponer diferentes tipos de luz en los rincones, así como crear un agradable ambiente de fondo mediante una música suave y el murmullo de una fuente de agua en la sala u otras fuentes de sonido.

Un buen equipo de música permite distribuir los tonos bajos y agudos de forma variada y estimulante para el estado de ánimo.

## Opciones sofisticadas para establecer la armonía

Utilizando un candil de esencias, puede suscitar nuevas cualidades yin y yang. Los aromas de cayeput, jengibre, hierba de limón, mirra, estiracácea, romero y sándalo tienen carácter yang, mientras que las fragancias de lavanda, pino oregón, manzanilla, mirto, geranio, rosa, ilán-ilán o vainilla son de naturaleza yin. La bergamota y la melisa se consideran bastante equilibradas. En algún momento comprobará cómo, gracias a las múltiples combinaciones posibles de todos estos distintos estímulos sensoriales, el yin y el yang se funden en algunos momentos de tal modo que ambas naturalezas fluyen la una hacia la otra, no pudiéndose distinguir apenas entre sí.

En estas situaciones tendrá los dos hemisferios cerebrales (que también se hallan regidos por el yin y el yang) perfectamente coordinados. Constituye un estado en el que se es especialmente creativo, idóneo para la inspiración y la búsqueda de ideas, aunque también para aficiones artísticas. Asimismo, los pensamientos vienen más rápidos, se propician las asociaciones, y suele llegarse a buenos resultados en estos casos.

## Relaciones energéticas en la naturaleza

También en la naturaleza y nuestro entorno se hallan presentes ambos polos por todas partes en diferentes combinaciones. Nunca podrán separarse del todo, aunque aparezcan en formas tan dispares.

Ello radica, no obstante, en el hecho de que una materia o un objeto siempre se hallan en relación con otro elemento yin o yang y no pueden existir por sí solos.

Lam Kam Chuen describe este fenómeno de la siguiente manera: los edificios son yang por su solidez y estabilidad, en relación con las formas de las nubes del cielo que cambian como por azar. Pero en comparación con el bullicio de las gentes de las grandes ciudades son yin. Asimismo, hay algunas siluetas que, por su posición, se hallan en primer plano y, por tanto, son yang, mientras que otros contornos se encuentran en el fondo para el observador, por lo que son de índole yin. En relación con su propia sombra vuelven a ser yang, y así sucesivamente. El análisis del tejido de relaciones correspondiente podría proseguirse en una cadena sin fin.

Los chinos poseen tradicionalmente una comprensión muy profunda de la naturaleza. Así, han desarrollado un sistema muy preciso sobre el aspecto ideal que debe tener el paisaje del entorno en el que uno desea construir su casa o su negocio.

En todo ello reside una clave que también permite evaluar diferentes situaciones de la vida cotidiana. En la estructura ideal tradicional se considera, por ejemplo, que la parte posterior de la casa, preferentemente orientada hacia el norte, debe quedar resguardada por una barrera maciza en forma de cadena montañosa. En este caso se habla de una formación de naturaleza correspondiente a la tortuga. Al este, por donde sale el sol, debe haber un monte algo más llano, aunque también considerable, al que se atribuye el signo del dragón, mientras que al otro lado, al oeste, por donde se pone el sol, también debe hallarse un montículo, la tercera elevación más alta, denominada el lado del tigre.

Frente a la casa se extiende ante esta configuración del terreno una explanada o incluso una pequeña hondonada, en la que los chinos gustan de instalar un estanque con flores de loto.

A cierta distancia puede haber hacia el sur otra suave elevación. Este lado tiene el romántico nombre de *fénix*, que alude al pájaro mítico.

Se trata de un paisaje arquetípico que se basa en la hipótesis de que en la dirección de la salida del sol (este) se halla la fuerza electromagnética de la Tierra, por ello es atribuida al dragón. En consecuencia, la montaña o la colina en este lugar deben ser más elevadas que las del otro lado, por donde se pone el sol (oeste). La espalda necesita una poderosa protección como la que le proporciona la tortuga, símbolo de la suerte que representa dicha defensa. Y hacia el frente (sur) los ocupantes de la casa disfrutan de una vista como la que posee el legendario pájaro.

En cierta manera, esta disposición es comparable a la de un sillón con respaldo, dos reposabrazos y un reposapiés: un lugar

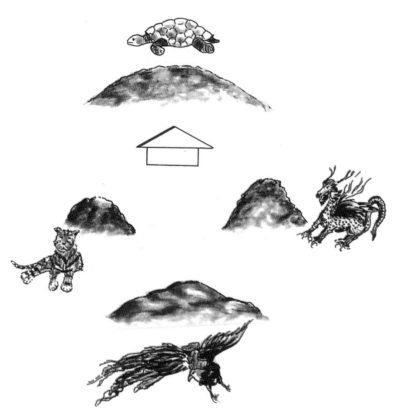

*Estructura del paisaje ideal: atrás, la protección de la elevada forma-*
*ción de la tortuga; a la derecha, en la montaña, la fuerza eléctrica del*
*dragón; a la izquierda, el tigre, de menor tamaño, y delante, la sua-*
*ve elevación del fénix.*

de la casa que representa la comodidad óptima, pero que al mismo tiempo ofrece una sensación de seguridad y refugio.

Mentalmente también se puede generalizar esta distribución de modo que a partir de ésta pueda extraerse una disposición fundamental para distintos casos.

De esta forma, puede configurar rincones o habitaciones
enteras aplicando las diferencias de altura de los muebles en

relación con la tortuga, el dragón, el tigre y el fénix. Cuando en los siguientes capítulos se traten las diferentes estancias de la casa, se percatará de lo ventajoso que resulta tener una pared protectora a sus espaldas y que un grupo de sillones tan sólo debe hallarse sin protección en circunstancias especiales.

No obstante, las posibilidades de aplicación no se agotan aquí. Así, por ejemplo, puede analizar en este sentido una urbanización de reciente construcción a la que usted mismo o un amigo deseen mudarse. Y es que las casas situadas en la parte posterior también pueden representar la cordillera montañosa y, por ende, la formación de la tortuga. Otros edificios pueden simular el dragón o el tigre, y una plaza con pabellones de locales comerciales puede encarnar al ave fénix. En este sentido, una casa siempre debe recibir una amplia protección lateral de los edificios colindantes, los cuales, no obstante, no deberán presentar grandes diferencias de altura.

## Profundo simbolismo del paisaje

Una de las imágenes con la que debemos confrontarnos es la del dragón, que como figura mítica suele interpretarse erróneamente. Especialmente en Occidente representa lo demoníaco, lo inquietante, etc. Desde tiempos remotos, no obstante, representa también la energía de la serpiente, que consciente o inconscientemente se asocia siempre con la fuerza bioeléctrica del ser humano o la «energía» del entorno. Pero volviendo al mundo de los simbolismos chinos: se trata de un continuo *chi* electrizante especial, que tal vez resulte inquietante, pero que puede contenerse y cultivarse. Materialmente, el dragón debe compararse con el *kundalini* de sistemas yóguicos, como el tantra de naturaleza erótica (la fuerza legendaria en la base de la columna, en el área del sacro) que recorre la espina dorsal.

Dado que en tiempos pasados se pensaba de forma menos abstracta, pero en cambio las reflexiones iban más acompañadas de imágenes, el dragón desempeñaba un papel esencial en China.

Sin embargo, en torno a todo ello existe un principio y no precisamente un dragón de carne y hueso tras el símbolo. Ello nos permitirá tener más comprensión en el futuro aquí, en Occidente, hacia algunos hechos como el relacionado con un rascacielos de Hong Kong, en el que se dejó un gran «agujero» sin construir de forma que el dragón de aquel lugar pudiera tener acceso directo al agua desde la montaña.

# Conocimiento de los elementos

La ciencia del yin y el yang, las formas configuradas por la tortuga, el dragón, el tigre y el fénix representan, junto con la teoría de los cinco elementos de la naturaleza, los principios fundamentales del feng shui, algo así como la «ley fundamental» o la «constitución» de este sistema. Pero ¿qué es lo que se esconde detrás si en la medicina china (en la acupuntura, por ejemplo), en la filosofía o en el feng shui siempre se tiene como referencia la teoría de los cinco elementos?

La imagen actual de la naturaleza en Occidente se basa esencialmente en el sistema de orden científico que trata de explicar nuestro entorno, sobre todo mediante leyes físicas y químicas.

En cambio, en otros tiempos el hombre centraba sus estudios en el análisis de las energías del entorno, es decir, trataba de descifrar el mundo según su dinámica. Así, pues, se procuraba entender el principio que junto con otro daba lugar a un fenómeno en cada caso.

En la antigua civilización se desarrolló una teoría de los elementos, que ya incluía los cuatro estados físicos de la materia, tal como los conocemos en la ciencia actual.

## Tradición material de Occidente

En el sistema de elementos occidental, la *tierra* representa el estado sólido; el *agua*, el estado líquido (frío); el *aire*, el estado gaseoso, y el *fuego*, el plasmático, es decir, el líquido (caliente), tal como se manifiesta en las entrañas del planeta. Con este sistema se asocia un sinfín de significaciones simbólicas, relacionado con un gran imaginario que ha sido transmitido a lo largo de las generaciones, inspirado en parte en fuentes místicas.

La tradición china conoce también estos elementos, e incluso tres de ellos tienen un nombre parecido a los elementos del sistema desarrollado por los eruditos clásicos.

El sistema chino, pues, está compuesto por cinco principios dinámicos y abstractos en su origen. Penetran en todo momento en los estados materiales y, en el ser humano, también en los espirituales, a los que se hallan asociados. Tradicionalmente se les denomina *fuego, tierra, metal, agua y madera*.

## Relaciones abstractas

Respecto a éstas se dan los siguientes fenómenos existenciales:

1. *Contracción* del elemento tierra (característica de la piedra, por ejemplo);
2. *División/separación* del elemento metal (ejemplo: sierra);
3. *Movimiento* del agua (por ejemplo, las olas por las burbujas de aire en un acuario);
4. *Crecimiento* de la madera (como el impulso de los árboles);
5. *Transformación* del fuego (la leña se convierte en ceniza al quemarse en el hogar).

Estos elementos existen en todas partes a nuestro alrededor, y, en sentido figurado, también se encuentran presentes dentro de nosotros mismos. Según la tradición, existe un ciclo creador, en el que un elemento da lugar al siguiente según una determinada lógica, es decir, *nutre* y *ampara* al siguiente.

En este ciclo, el fuego genera la tierra, al igual que la corteza terrestre emergió de una bola de fuego hace millones de años. La tierra, a su vez, da lugar al metal; por esta razón, se encuentran yacimientos bajo el suelo.

## Secuencia de generación de los elementos

Resulta sorprendente la idea de que el metal genera el agua. Ello se explica porque el hierro u otros metales presentan puntos de fusión en su tratamiento, en los que se vuelven líquidos.

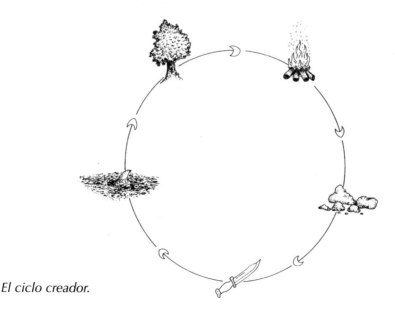

*El ciclo creador.*

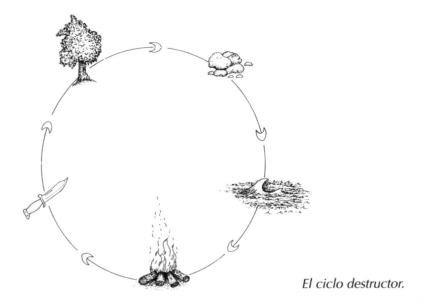

*El ciclo destructor.*

En la siguiente etapa el agua da paso a la madera. Y es que incluso los desiertos comienzan a florecer en la época de las lluvias, y el cultivo de todo terreno baldío no puede prescindir del agua.

La madera genera finalmente el fuego. Todos sabemos lo fácil que es en algunos lugares que en los bosques se prenda fuego incluso debido a procesos naturales.

## Forma de manifestación de los principios dinámicos

Las relaciones expuestas también pueden representarse de forma abstracta: la transformación (fuego) conduce a la contracción de los procesos (tierra). La contracción llega hasta tal punto que resulta una diferenciación de los procesos (metal). Ésta posibilita que los elementos se pongan en movimiento o se disuelvan (agua). De aquí resulta un estado de densidad reducida, que permite un movimiento cada vez más rápido, lo cual favorece el crecimiento (madera).

Y finalmente el crecimiento alcanza un grado de tal intensidad que se produce un salto de nivel o calidad, es decir, de nuevo la transformación del fuego.

## *Relaciones destructivas entre los elementos*

Al igual que existe este circuito productivo, los chinos conocen un ciclo destructor, que en el presente libro también es denominado ciclo de control. Mientras que en el primero cada elemento genera al siguiente, en el ciclo destructor cada elemento se encuentra en una relación conflictiva con el elemento que se encuentra dos posiciones más adelante. Así, el fuego funde el metal (metalurgia), el metal corta la madera (como una sierra corta un árbol), y la madera socava la tierra (como las raíces de un árbol que pueden hacer saltar piedras), la tierra desplaza el agua (como en el vertido de arena en un río para regular su curso), y el agua apaga el fuego (como en la protección contra incendios).

A partir de este ciclo de relaciones también se pueden extraer algunas generalizaciones. Así, la transformación (fuego) provoca que la separación (metal) cambie de lugar. Un ejemplo de ello lo constituyen los límites que se trasladan entre países (por la fuerza o mediante acuerdos), pero también los que se establecen entre grupos de personas (distanciamiento) e incluso entre diferenciaciones conceptuales (cuando se adopta una nueva interpretación de algo).

La naturaleza afilada y precisa de la separación (metal) asegura el control sobre el crecimiento (madera). Ello se manifiesta, por ejemplo, en el equilibrio ecológico de la naturaleza, que no permite que predomine ninguna especie. Sin embargo, el crecimiento puede provocar la explosión de la densidad, y al final la densidad asfixia el movimiento (un ejemplo cotidiano: el embotellamiento de tráfico).

Para el feng shui, los cinco elementos de la filosofía china son fundamentales, porque los encontramos en todas partes: en el paisaje, la arquitectura y el diseño, en la decoración y la moda.

Se reproducen también en los colores y las formas o patrones estéticos. Comencemos por un análisis de los elementos en el paisaje y la configuración del espacio doméstico.

En la naturaleza las montañas de cumbres escarpadas representan símbolos del fuego, ya que los picos recuerdan a las llamas de una hoguera. Algo muy parecido sucede con las fachadas y los perfiles puntiagudos de las casas. Las pirámides, como ejemplo extremo en la arquitectura, también presentan un evidente carácter ígneo, lo que curiosamente ya se pone de manifiesto en el radical griego *pyros*, que significa «fuego». En la actualidad las construcciones triangulares pertenecen a esta categoría, aunque también otros contornos afilados, que comprenden desde los relieves en forma de almena de una fuente de mármol en un centro comercial hasta el pomo acabado en punta de la vivienda privada. Asimismo, el elemento fuego también se simboliza a través de los tonos rojizos y las combinaciones cromáticas en las que domine el rojo y, naturalmente, también mediante los hornos y las chimeneas.

## Construcciones de tierra, de forma compacta

Las colinas de cimas planas, los terraplenes, las llanuras, tanto altiplanicies como depresiones, representan claramente el elemento tierra. En arquitectura, la principal correspondencia se da en los edificios bajos y de silueta alargada y las formas modulares, es decir, en casas sin cubiertas a dos aguas.

En el jardín este elemento lo constituyen los caminos de grava o los jardines de rocas; en el arte, las esculturas de piedra, y en el interiorismo, los materiales como el mármol o el yeso.

Los montículos redondeados simbolizan el metal. En arquitectura, las cúpulas de cristal, los arcos de medio punto, las construcciones de cubiertas de forma redondeada, las bóvedas, etc., se asocian a este elemento, debido a que sus cantos redondeados recuerdan (con grandes dosis de imaginación) a los de una moneda. Sirva de explicación decir que las monedas no sólo constituyen un instrumento de intercambio comercial de metal, sino que también entrañan algo divisorio (abstracción del metal), ya que establecen diferencias en el mundo. Representan este metal las vigas de acero, los materiales de brillo metálico en interiorismo, y las esculturas metálicas como, por ejemplo, de bronce, en el arte.

## Formas constructivas irregulares: asociaciones con el agua

Las cordilleras montañosas de formas onduladas, así como las lomas de suaves contornos recuerdan al agua. Los cursos de los ríos, los lagos y la proximidad al mar apuntan inexorablemente al agua. En arquitectura se da una nueva tendencia caracterizada por cubiertas onduladas, uno de cuyos exponentes más significativos es el museo Guggenheim de Bilbao, así como numerosos palacios de congresos.

El agua desempeña un papel destacado en la simbología marítima, con múltiples referencias a la navegación, y en las representaciones artísticas de peces y conchas. Las siluetas de forma muy irregular apuntan al agua, por lo que todos los contornos ondulados de la arquitectura moderna se hallan influenciados por este elemento. Ejemplos de ello los encontramos en el modernismo, las formas organicistas de la arquitectura escandinava o en paredes, voladizos o contornos de escaleras que, en algunos casos, presentan una forma ondulada.

*Interior del Banco de China: las bóvedas de cañón y la disposición de las salas constituyen una clara referencia al elemento metal.*

## El elemento explosivo madera

La madera encuentra su expresión en las construcciones elevadas. Así, prácticamente todos los rascacielos simbolizan el crecimiento del elemento madera. Si, además, su extremo superior acaba en punta, se añaden componentes de fuego; de planta triangular, como el Banco de China de Hong Kong, en estos altos edificios ya predomina el fuego. Las construcciones de mediana altura y de formas modulares recuerdan, en cambio, a un peñasco macizo en el paisaje. En este sentido encarnan en mayor medida el principio tierra.

Si continuamos buscando otras manifestaciones del elemento madera, encontraremos las torres que pertenecen a iglesias y castillos.

*Las cubiertas acabadas en punta simbolizan el fuego; los edificios elevados poseen un simbolismo inherente a la madera.*

Las chimeneas elevadas también constituyen símbolos de la madera. Las casas de madera representan naturalmente este elemento, y en interiorismo existen varias posibilidades de aplicar la madera, desde el parqué hasta el artesonado de techos. Por lo general, este elemento se simboliza también a través del color verde.

## Ver el entorno con ojos de experto en feng shui

A partir de ahora, al pasear verá un gran número de edificios con otra mirada, y pronto sabrá si la forma del edificio en el que vive es favorable o no. Pero antes de proseguir, trataré algunos aspectos más sobre los ciclos creador y destructor y la interacción de los elementos, a fin de que comprenda mejor algunas de las implicaciones de esta ciencia.

*El City Bank (a la izquierda, en la fotografía) representa el metal, debido a su fachada curva; en cambio, el Banco de China (derecha) simboliza el elemento fuego.*

Los rascacielos (madera) encuentran apoyo en fachadas de forma irregular (agua), desde donde atraen energía.

Si un edificio ultramoderno de formas onduladas (agua) se encuentra ubicado entre construcciones de cubierta plana (tierra), se verá prácticamente enterrado por su energía.

Las cubiertas con cúpulas, las partes de fachadas de arcos de medio punto, balcones con cubiertas bulbiformes, nutren a una casa con la simbología del agua, dado que representan el metal.

Algunas veces sucede que, por ejemplo, un elemento de vértices afilados (fuego) está integrado en una construcción llana (entrada u elementos ornamentales de ventanas). En este caso el resto del edificio (tierra) recibe energía del área más prominente arquitectónicamente, puesto que el fuego genera al elemento tierra.

## Simbología del flujo de dinero en el elemento

Los elementos curvos en una casa compacta de tipo tierra (como, por ejemplo, el ascensor que circula por una pared exterior) reciben energía del edificio en sí y se les atribuye una especie de *estatus especial*. Si aplicamos este principio a las escaleras, comprobaremos que disponen de un gran potencial de energía. De esto resultan dos consecuencias: en primer lugar, los visitantes pueden verse atraídos por este foco de energía y, en segundo lugar, seguramente existe un flujo de dinero constante tanto hacia dentro como hacia fuera. Ello radica en que el metal, entre otros, también representa las monedas y, por ende, el dinero.

Si este edificio es más elevado que el resto que lo rodea, dominará su entorno y, por tanto, le será más fácil atraer al dinero. Si es más bajo, los ocupantes tenderán a canalizar el dinero hacia el exterior; no en vano el ascensor actuaría en este caso como un transmisor de energía.

Finalmente, otro ejemplo que puede ilustrar toda una serie de posibles situaciones similares: en un entorno con cúpulas y arcos de medio punto, los perfiles afilados (voladizos, torres acabadas en punta) en principio actúan de forma opresora en todo el conjunto (el fuego agrede al metal). No obstante, también cuenta la intensidad con la que interactúan estos elementos arquitectónicos en el campo visual. Un poco de fuego puede hacer *más dúctil* al metal en un sentido figurado. Así, pues, deberá considerarse este aspecto cuantitativo en todas las relaciones que se establezcan entre los elementos.

## La sutil interferencia de un elemento

La autora sobre feng shui Lilian Too, nacida en Malaysia y educada en EE.UU., donde cursó estudios en la Universidad de Harvard, señala que pueden producirse *procesos de ennoblecimiento* en el ciclo destructor inicial. Tenga siempre en cuenta, pues, las proporciones. De ellas y de su impresión intuitiva dependerá que los elementos en una vivienda o que los componentes estilísticos dentro de la estructura de un edificio se apoyen y se nutran entre sí (ciclo generador) o que se interfieran sensiblemente en un ciclo destructor.

## Permanencia o huida hacia delante

De existir un flujo de energías conflictivo en su vecindad, por lo general, lo más importante es reforzar considerablemente el potencial energético de su vivienda (para más información vea los siguientes capítulos).

Sólo en un caso extremo resulta oportuno mudarse debido a las casas del vecindario y buscarse un nuevo hogar.

Antes de dar este paso tan importante, debería averiguar si su casa goza de una posición favorable en cuanto a su orientación. En este libro se dedica todo un capítulo a la energía personal de un individuo en relación con los distintos puntos cardinales.

Si su casa acaba siendo propicia según los criterios complejos del feng shui, se lo pensará dos veces antes de decidir irse sólo porque un componente (aunque fundamental) no sea del todo ideal. Aun cuando se le abran perspectivas mucho más positivas en otro lugar, la situación actual del mercado de viviendas no invita en muchos casos al traslado.

# Elementos personales, la siguiente dimensión feng shui

Al igual que a las casas se les atribuyen los cinco elementos, usted también posee un elemento personal según su año de nacimiento, aunque también otro según la hora en que nació. Este particular es fundamental con respecto a la cuestión de cómo encaja en la casa en la que vive como consecuencia de los ciclos creador y destructor. En el estudio de campo de la ubicación de su vivienda se tienen en cuenta estos aspectos.

Como en el resto de instrumentos de investigación se toman normalmente como guía los datos de la persona que aporta la mayor parte de los ingresos en la economía doméstica. Volverá a encontrar este criterio en otros apartados.

Averigüe el elemento de su año de nacimiento a partir de las tablas de la página 67 y siguientes, en la que el variable inicio del año chino está basado en el calendario lunar. También puede evaluar la situación del hogar de sus descendientes analizando los datos de sus padres y abuelos.

A partir de las dos tablas podrá determinar los elementos especiales relativos a su año y hora de nacimiento. Una combinación particularmente favorable resulta cuando uno de los dos elementos genera al otro en el ciclo creador. Éste es el caso, por ejemplo, cuando es fuego por el año y tierra por la hora de nacimiento. A esta configuración suele corresponder una persona muy satisfecha de sí misma. En caso necesario, también recurre a autoafirmarse. Sabe mejor que otros sacar partido a estar solo, crear a partir de la propia inspiración, basarse en sí mismo, etc.

## Elementos para el equilibrio de la personalidad

Algo más problemático puede ser que una persona presente dos veces el mismo elemento. Si bien, por un lado, puede significar que se dispone de algunos aspectos fuertes –si se tiene dos veces el elemento tierra, por ejemplo, ello se traduce en un marcado realismo; si se presenta dos veces el metal, probablemente se tenga un lucidez especial–, es probable que, por otro, la persona tienda a los extremos o a las actitudes imparciales. Así, en un carácter en el que predomine claramente el aspecto tierra puede ser muy atrayente rodearse de vegetación, tanto de plantas de interior como de exterior.

De esta manera, puede superarse una determinada propensión a la sobriedad. Queda por saber si uno debe vivir necesariamente en un edificio alto. En ese caso entran en juego otras condiciones relativas a los elementos, que conocerá en el capítulo «Sistema de medición del confort en 10 puntos» (véanse página 89 y siguientes). Al mismo tiempo podemos comprobar cómo un entorno de madera le afectará en menor medida que a alguien que presente el elemento tierra una sola vez.

Lo mismo puede decirse del resto de elementos. Una persona que represente el metal por partida doble apenas se altera ante el elemento fuego, es decir, no se ablanda fácilmente debido a emociones fuertes. Por otro lado, podría suceder que tienda a tener un carácter demasiado frío. Y en este caso debería comprobar por sí mismo si se siente a gusto, por ejemplo, en casas de tipo fuego (con cubiertas acabadas en punta) o cerca de una chimenea. Puede realizar esta prueba primero en su círculo de amistades o conocidos, antes de vivir de forma constante con un elemento que pudiera dominarle.

Una situación algo más compleja se produce cuando una persona reúne dos elementos que tienen una relación de oposición entre sí. En ese caso, lleva el ciclo destructor consigo, por decirlo de alguna manera. Ello podría estar relacionado con una cierta tendencia a estar insatisfecho consigo mismo.

Supongamos que una persona es madera y metal. Además, desea materializar proyectos continuamente, pero los somete siempre a una corrosiva autocrítica.

Y cuando esto tiene lugar de forma muy intensa, esta persona no lo paga consigo misma, sino que proyecta esta conducta sobre los demás. Se convierten en *destinatarios* de todo su afán de crítica interior.

No obstante, una combinación de este tipo no debería constituir un problema continuo. Por lo general, se trata de potenciar en sí el elemento sometido o bien frenar (mejorar) un tanto al elemento agresor.

## Asignación de elementos según los años de nacimiento chinos

| | | | | | | | |
|---|---|---|---|---|---|---|---|
| 31 | ene | 1900 | Metal | 20 | feb | 1920 | Metal |
| 19 | feb | 1901 | Metal | 8 | feb | 1921 | Metal |
| 8 | feb | 1902 | Agua | 28 | ene | 1922 | Agua |
| 29 | ene | 1903 | Agua | 16 | feb | 1923 | Agua |
| 16 | feb | 1904 | Madera | 5 | feb | 1924 | Madera |
| 4 | feb | 1905 | Madera | 25 | ene | 1925 | Madera |
| 25 | ene | 1906 | Fuego | 13 | ene | 1926 | Fuego |
| 13 | feb | 1907 | Fuego | 2 | feb | 1927 | Fuego |
| 2 | ene | 1908 | Tierra | 23 | ene | 1928 | Tierra |
| 22 | ene | 1909 | Tierra | 10 | feb | 1929 | Tierra |

▶

| | | | |
|---|---|---|---|
| 10 feb 1910 Metal | 30 ene 1930 Metal |
| 30 ene 1911 Metal | 17 feb 1931 Metal |
| 18 feb 1912 Agua | 6 feb 1932 Agua |
| 6 feb 1913 Agua | 26 ene 1933 Agua |
| 26 ene 1914 Madera | 14 ene 1934 Madera |
| 14 feb 1915 Madera | 4 feb 1935 Madera |
| 3 feb 1916 Fuego | 24 ene 1936 Fuego |
| 23 ene 1917 Fuego | 11 feb 1937 Fuego |
| 11 feb 1918 Tierra | 31 ene 1938 Tierra |
| 1 feb 1919 Tierra | 19 feb 1939 Tierra |
| | 8 feb 1940 Metal |

## Horas de los elementos de nacimiento
### (según Lilian Too)

23.00 h hasta 1.00 h Madera
1.00 h hasta 3.00 h Madera
3.00 h hasta 5.00 h Fuego
5.00 h hasta 7.00 h Fuego
7.00 h hasta 9.00 h Tierra
9.00 h hasta 11.00 h Tierra
11.00 h hasta 13.00 h Metal
13.00 h hasta 15.00 h Metal
15.00 h hasta 17.00 h Agua
17.00 h hasta 19.00 h Agua
19.00 h hasta 21.00 h Agua
21.00 h hasta 23.00 h Agua

## Asignación de elementos
## según los años de nacimiento chinos

| | | | | | | | |
|---|---|---|---|---|---|---|---|
| 27 | ene | 1941 | Metal | 6 | feb | 1970 | Metal |
| 15 | feb | 1942 | Agua | 27 | ene | 1971 | Metal |
| 5 | feb | 1943 | Agua | 16 | ene | 1972 | Agua |
| 25 | ene | 1944 | Madera | 3 | ene | 1973 | Agua |
| 13 | ene | 1945 | Madera | 23 | ene | 1974 | Madera |
| 2 | feb | 1946 | Fuego | 11 | feb | 1975 | Madera |
| 22 | ene | 1947 | Fuego | 31 | ene | 1976 | Fuego |
| 10 | feb | 1948 | Tierra | 18 | feb | 1977 | Fuego |
| 29 | ene | 1949 | Tierra | 7 | feb | 1978 | Tierra |
| 17 | feb | 1950 | Metal | 28 | ene | 1979 | Tierra |
| 6 | feb | 1951 | Metal | 16 | feb | 1980 | Metal |
| 27 | ene | 1952 | Agua | 5 | feb | 1981 | Metal |
| 14 | ene | 1953 | Agua | 25 | ene | 1982 | Agua |
| 3 | feb | 1954 | Madera | 13 | feb | 1983 | Agua |
| 24 | ene | 1955 | Madera | 2 | feb | 1984 | Madera |
| 12 | ene | 1956 | Fuego | 20 | feb | 1985 | Madera |
| 31 | ene | 1957 | Fuego | 9 | feb | 1986 | Fuego |
| 18 | feb | 1958 | Tierra | 29 | ene | 1987 | Fuego |
| 8 | feb | 1959 | Tierra | 17 | feb | 1988 | Tierra |
| 28 | ene | 1960 | Metal | 6 | feb | 1989 | Tierra |
| 15 | feb | 1961 | Metal | 27 | ene | 1990 | Metal |
| 5 | feb | 1962 | Agua | 15 | feb | 1991 | Metal |
| 25 | ene | 1963 | Agua | 4 | feb | 1992 | Agua |
| 1 | feb | 1964 | Madera | 23 | ene | 1993 | Agua |
| 2 | feb | 1965 | Madera | 10 | feb | 1994 | Madera |
| 21 | ene | 1966 | Fuego | 31 | ene | 1995 | Madera |
| 9 | feb | 1967 | Fuego | | | | |
| 30 | ene | 1968 | Tierra | | | | |
| 17 | feb | 1969 | Tierra | | | | |

## Tratamiento de los elementos
## en caso de propiedades agresivas

Si en su persona se conjugan dos elementos discrepantes, refuerce en primer lugar la parte dominada. Puede conseguir esto prestando apoyo al elemento sometido por medio de variables ambientales en el ciclo creador.

En caso de que presente, por ejemplo, los elementos fuego y agua, potencie el fuego por medio de la madera (en forma de árboles, flores, un artesonado, un entarimado).

Proporcione un medio familiar al elemento agredido, de forma que se encuentre a sí mismo. Si seguimos con el ejemplo del fuego y el agua, puede favorecer al fuego mediante los tonos rojizos en fundas de cojines, el empapelado, etc. La naturaleza del fuego se reconoce en estas manifestaciones.

Si fuera necesario, someta al elemento agresor a un control moderado, ejerciendo un ligero dominio sobre éste en el ciclo destructor. No obstante, vaya con mucho cuidado al hacer esto. Esta medida resulta especialmente oportuna cuando uno de sus elementos ataca al otro y, además, el tipo de casa en el que vive presenta las mismas propiedades agresivas. Si se trata de **regular el agua** se revestirán algunas partes del entorno con el elemento tierra, por ejemplo, reforzando los tonos marrones y amarillos, utilizando la piedra natural para revestir paredes (en la cocina), colocando una colección de cristal en la vitrina o empleando materiales como la arcilla o la terracota.

En caso de que deba **controlar la madera**, puede hacerlo reforzando el metal, en forma de estantes cromados, anaqueles metálicos, marcos cromados o en aluminio para cuadros, piezas de latón, revestimientos metálicos, etc.

El **sometimiento del fuego** se lleva a cabo mediante el agua: tonos azules en las paredes, moquetas de color azul, acuarios, fuentes de interior, fotografías de cataratas.

La **regulación de la tierra** se consigue por medio de la madera. Recuerde que los libros, por ejemplo, también representan este elemento, ya que el papel se obtiene de la madera. Las mesas, los armarios, los asientos, se hallan también dominados normalmente por la madera. Por tanto, un influjo agresor de la tierra puede regularse mediante el mobiliario.

El **metal puede controlarse** reforzando la presencia del fuego mediante una chimenea o un horno abierto, un samovar, lámparas, velas, tonos rojizos, etc. Los elementos de calefacción o de iluminación presentes en casi todos los hogares constituyen ya de por sí una buena parte del elemento dominador metal.

Debe llevarse un control especial de los elementos en aquellos casos en que uno de los elementos personales se ve atacado desde varios frentes. Supongamos que es madera por el año de nacimiento y metal por la hora en que nació. Asimismo, vive en una casa coronada de una cúpula que presenta vigas metálicas vistas en el interior y tal vez también una estructura metálica como una pérgola en el exterior. La propia parte de metal se sentirá más o menos bien en este entorno y probablemente proteja a toda su persona.

También podría suceder que en este ambiente uno se convierta en un cínico y un escéptico, ya que debido a la naturaleza separadora del metal es muy fácil que uno adopte una actitud de distanciamiento hacia todo, incluso hacia uno mismo. Además, se corre el riesgo de que la parte de madera personal se empobrezca. Con frecuencia, uno se siente literalmente partido, sobre todo si se le niega el reconocimiento en el trabajo, no lo tiene fácil en el amor debido a la competencia o simplemente no le queda tiempo para respirar profundamente, porque se encuentra saturado.

En este caso es evidente que debe controlarse de forma más intensa el entorno y favorecer la madera mediante el elemento agua, a fin de desarrollar en la vida el propio potencial de crecimiento.

Ello podría conseguirse, por ejemplo, disponiendo las vigas de metal bajo el revoco o cubriéndolas de otro modo. Una gran presencia de símbolos de agua refuerza sobre todo el elemento madera. También deberían colocarse grandes palmeras en las diferentes estancias.

Un consejo en relación con las plantas de interior: no coloque demasiadas palmeras de yuca de hojas puntiagudas, debido a que recuerdan lejanamente a los cuchillos. Por esta razón, algunos maestros de feng shui opinan que la palmera de yuca presenta algo de agresivo en sí. No obstante, puede resultar oportuno colocarlas en las habitaciones y/o en caso de que en la personalidad predomine la madera. Las plantas de este tipo necesitan espacio, un determinado *espacio energético*, que les permita desarrollar una función de regulación positiva y no resultar demasiado dominantes.

Las piedras son especialmente adecuadas para introducir el elemento tierra en una casa. Sobre todo, debe procurarse que las piedras no recuerden a losas funerarias ni por asomo.

## Pasos en el tratamiento de los elementos I

- Identifique su elemento principal a partir de la tabla de los años de nacimiento (páginas 67 y 69).
- Con ayuda de la tabla de las horas de nacimiento (página 68), averigüe su elemento referido a estos datos.
- Compare los elementos. Analice un posible predominio, las relaciones favorables entre sí o las incompatibilidades.
- Determine el elemento predominante de la casa o el piso en que vive, así como su relación con su elemento personal. ¿Percibe su vivienda como benigna o no?
- Esboce un cuadro sinóptico en un papel con la ayuda de rotuladores de colores. Escoja para cada elemento un rotulador con el color correspondiente.
- Anote ya cómo desea intensificar un elemento personal que se ve sometido sobre todo mediante puntos de apoyo que lo nutran en el seno del ciclo creador (por ejemplo, en caso

de fuego predominante, determinados elementos que simbolicen la madera o en caso de agua opresora, objetos de metal).

■ Asimismo, reflexione sobre cómo desea dotar su entorno de características adicionales que pertenezcan al elemento personal (en el caso del elemento tierra, tonos amarillos y marrones; en el caso de la madera, flores, árboles, muebles de pino, etc.).

■ Tome nota de todos estos aspectos. Espere a ponerlos en práctica hasta que en un siguiente capítulo conozca los elementos de las diferentes partes de las estancias y las diversas cuestiones a tener en cuenta.

*Las piedras constituyen un recurso especialmente decorativo para reforzar el elemento tierra.*

# Su fortuna descifrada
## mediante la brújula

Se percatará de que saber conjugar correctamente los elementos constituye el abecé del feng shui. Para poder adoptar la medida oportuna ante diferentes configuraciones del espacio en una casa, deberá saber emplearlos como un cocinero utiliza las especias. Así, pues, en cuanto desee obtener resultados positivos, aplique sus conocimientos sobre los elementos.

Comience por orientar la dirección de su asiento, cama y la puerta de entrada, entre otros, hacia los puntos cardinales que le sean favorables. Y es que las direcciones se asocian también a los elementos que ya conoce. Pero cuando comience a entender los secretos que le revele la brújula podrá tratar estos aspectos al igual que un artista. En cierto sentido, hay algo de «mágico» en todo ello. Iníciese en este viaje de exploración.

Cuando en Occidente una persona va a ver un piso para comprarlo o alquilarlo, suele preguntar si el ventanal principal o el balcón dan al sur, dado que esta orientación proporciona sol y claridad a la vivienda.

Se trata de un conocimiento vago de que la orientación relativa a los puntos cardinales se halla relacionada en cierta medida con el bienestar, así como la energía positiva y negativa. Si una persona, además, tiene una relación especial con la naturaleza, suele haber desarrollado una sensibilidad particular por la orientación. Intuye desde dónde amenaza una tormenta u otras inclemencias del tiempo. Pero en qué consiste exactamente este fenómeno, pocos pueden explicarlo. Las personas que han dedicado buena parte de su vida al estudio de los lugares que concentran fuerza sostienen que lo importante es el lado por el que alguien se les aproxima para averiguar la irradiación positiva que impregna a una persona con energía.

Los chinos, que desde tiempos remotos disponen de un profundo conocimiento de estos fenómenos, crearon la denominada escuela de la brújula en el feng shui. Se trata de un sistema muy desarrollado y diferenciado que atribuye determinadas cualidades a los puntos cardinales, que se ponen de manifiesto en la salud, el bienestar, la prosperidad en los negocios, la capacidad profesional e incluso en la armonía de las relaciones interpersonales. Quien haya tenido experiencias en este sentido, comprobará que sus resultados pueden llegar hasta extremos insospechados. Al principio, tener en cuenta las direcciones se convierte en una tarea entretenida.

Pero cuando comience a disponer los primeros muebles, cuadros o símbolos de la suerte según estos criterios, advertirá cómo se conecta a relaciones de energía que pronto empezarán a influenciarle. Se trata del magnetismo de la Tierra, que deja sus mensajes polarizadores en su cuerpo y conciencia. Irá adquiriendo una sensibilización hacia las corrientes energéticas del planeta, lo que con el tiempo le reportará experiencias relajantes y fascinantes. Descubrirá que debido al influjo de estas energías superiores existen rincones y orientaciones en su entorno que le afectan positivamente y otras que paralizan sus fuerzas.

## Direcciones elementales

Se trata de un *mensaje arquetípico* que emana del punto cardinal correspondiente.

Entre otras, se dan las siguientes relaciones con los cinco elementos: el norte corresponde al *agua*; el noreste, a la *tierra pequeña* (como una colina); el este, a la *madera grande* (árbol o bosques); el sureste, a la *madera pequeña* (un brote); el sur significa *fuego* (como el sol); el suroeste, *tierra grande* (como el planeta); el oeste presenta la cualidad del *metal pequeño* (como la de un cuchillo), y el noroeste representa según la tradición el *metal grande* (como un yacimiento).

La tierra, la madera y el metal se manifiestan tanto de forma maciza (grande) como sutil (forma pequeña). Esta distinción entraña un significado práctico interesante, como veremos más adelante. El agua y el fuego, los dos elementos inaprensibles, sólo existen en una única forma básica.

Para la comprensión de estos fenómenos es importante establecer una nueva relación con los puntos cardinales, que puede inferirse del oráculo clásico chino *I Ching*, de miles de años de antigüedad. Como concepto filosófico, el feng shui y el *I Ching* conforman en última instancia una unidad.

El *I Ching* se compone de 64 modelos básicos de la vida, codificados en secuencias lógicas de líneas continuas y discontinuas, y en el que cada respuesta constituye una nueva serie de seis líneas dipuestas una sobre la otra. Tirando monedas varias veces se obtienen respuestas a preguntas, relacionadas con estos hexagramas. Así, por ejemplo, si sale dos veces cara y una vez cruz, ello representa una línea continua, y si sale dos veces cruz y una vez cara, una línea discontinua. En consecuencia, deben tirarse las monedas seis veces para obtener una respuesta. Las líneas continuas son yang y las discontinuas, yin.

## Estructura del *I Ching*

Cada uno de los 64 hexagramas posibles del *I Ching* se compone de dos trigramas, es decir, de dos grupos de tres líneas

cada uno, que conforman los bloques de información fundamentales de este lenguaje binario chino en el que se basaba
este antiguo oráculo. De todas las combinaciones de trigramas
posibles resultan 64 variaciones que se corresponden con los
hexagramas del *I Ching* (véase el gráfico más adelante).

En el feng shui se atribuye una orientación específica a cada
trigrama. Así, la interpretación de las direcciones geográficas
parece inscribirse dentro de una estructura lógica.

## Sistemática de los trigramas

Cada trigrama, y por ende cada dirección, presenta una serie de
atributos que se asocian con él: una hora del día, una época
del año, una posición social (en la familia), un órgano, un color y un número. En la página 89 encontrará la ilustración de
una brújula, en la que se representan los distintos factores importantes para la práctica del feng shui. Tenga en cuenta en los
análisis que haga de las estancias de su vivienda que a cada
orientación se le asocian un trigrama y un elemento. A usted
mismo también se le atribuyen propiedades de los trigramas y
los elementos. La razón de ello radica en que si un trigrama,
es decir, una disposición simbólica de líneas, representa un
ideal, como, por ejemplo, la contemplación fascinadora de
un lago, una hendidura en la tierra que se va abriendo o la paz
que se respira en una montaña, en ese caso, estas imágenes
arquetípicas también pueden trasladarse a los seres humanos.
Cada uno de nosotros posee un sello individual de una de estas imágenes, que caracteriza nuestra personalidad desde el nacimiento, de forma muy similar a como lo hacen el elemento
del año de nacimiento y el de la hora en que nacimos.

Para averiguar este signo característico propio debe calcu-
larse este «trigrama personal», aunque sin necesidad de realizar
complicadas operaciones matemáticas. En las páginas 98 y 99.
encontrará todos los aspectos que puede calcular. Todos los

trigramas, orientaciones y las propiedades asociadas forman entre sí relaciones de elementos en los ciclos creador y de control. Le será muy útil interiorizar el significado de los trigramas de forma metódica.

De esta forma, le será más fácil posteriormente establecer asociaciones al estudiar la disposición de los objetos en el espacio y realizar los cálculos necesarios para ello. En el feng shui se presta especial atención a la compatibilidad del trigrama personal con el trigrama de una sala.

También son fundamentales las estructuras interiores personales que resultan de las diferentes partes correspondientes a los elementos propios, puesto que constituyen algo así como la arquitectura física.

No obstante, merecen una importancia secundaria. Podrá comprobarlo en cuanto se considere en relación con las orientaciones, las diferentes partes y rincones de las estancias. Lo que es realmente esencial aquí es la relación entre el trigrama personal y su elemento y los diferentes trigramas y elementos asociados a las direcciones de la brújula.

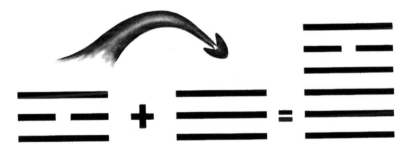

*Dos trigramas, compuestos cada uno de tres líneas, dan lugar a un hexagrama en el* I Ching.

# Código chino de las direcciones

**1.** Dirección noroeste o *chien*. Según la tradición, el signo refleja el cielo, por lo que también se denomina fuerza creadora. Se compone de tres líneas yang (continuas) sobrepuestas. El *chien* concentra la poderosa energía yang como en ningún otro trigrama. Por esta razón, se le atribuyen características como fuerza y solidez.

Los chinos asocian este signo con la luz, simbolizando el día. El *chien* representa la conciencia, la individualidad y la claridad. Debe tenerse en cuenta que este trigrama representa el *metal grande* y que, por tanto, puede poseer cualidades divisorias y diferenciadoras. El metal es tanto la pepita de metal noble en el río como la copa moldeada por manos de un artesano o la espada. Precisamente esta última apunta a atributos como la distancia y la selección. Por otro lado, el *chien* significa riqueza y su color es el oro. Se le asocia el número seis según la tradición china.

En el cuerpo este símbolo se relaciona con la cabeza (dirección). Su época del año corresponde a principios del invierno, en el que el dragón (la energía vital eléctrica) todavía descansa en la Tierra. Al mismo tiempo, el *chien* significa «potencial»; no en vano a principios de invierno se concentran las energías vitales para el año venidero.

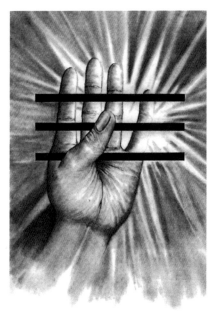

*El chien, un signo que representa el cielo.*

**2.** Dirección norte o *kan*. Este trigrama consta de dos líneas yin (discontinuas) y una línea yang (continua). Representa el agua y lo profundo en la vida. Su imagen antigua corresponde a su lugar de origen: un manantial en una montaña inaccesible de la que se precipita agua fría por un barranco.

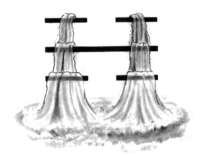

*El kan, el signo del agua.*

Aunque como también se relaciona con el riesgo de ganar dinero, el *kan* también tiene un vínculo con la riqueza.

El *kan* corresponde al hijo mediano, y su órgano es el oído. Se asocia con la época más fría del año, el pleno invierno, así como con la medianoche. Su número es el uno.

**3.** Dirección noreste o *ken.* Este símbolo representa el elemento tierra en forma de montaña o peñasco. Un aspecto puede parecer paradójico al principio: si bien al pensar en una montaña uno se imagina algo alto, es decir, majestuoso, este signo significa, no obstante, *tierra pequeña.* El enigma se aclara si tenemos en cuenta que por muy alta que sea una montaña ésta no deja de ser una formación, por lo que no corresponde al principio ideal de la tierra, el paisaje, los continentes, etc. En el *I Ching* el *ken* significa meditación, paz e introspección. La montaña es una frontera para la mirada, puesto que le impide el paso. Por esta razón, simbólicamente paraliza el movimiento. Las características asociadas son, por tanto, el reposo, la negligencia y la impasibilidad.

El diagrama también representa al hijo menor, y en el cuerpo se le atribuye la mano. Tal vez tenga esto algo que ver con el hecho de que el realismo y la habilidad artesanal se complementan bien. La época del año del *ken* corresponde a fina-

*El ken representa
el elemento tierra.*

*El chen representa
la madera grande.*

les de invierno, y la hora del día, el alba. Su número es el ocho,
aunque en algunas mujeres puede ser el cinco.

**4.** Dirección este o *chen*. A este diagrama también se le
llama *el estimulante*. Si bien no se pueden extraer inferencias
a partir de las posiciones diarias del sol sobre el horizonte, es
evidente que existe una relación en el caso del *chen*, debido a
que el sol sale por el este. Por esta razón, de esta dirección
emana algo así como una energía estimulante activa, pero inconsciente a la vez. Asimismo, el *chen* se asocia con el trueno.
En el *I Ching* su naturaleza es comparada a la de la tormenta
purificadora, tras la cual normalmente se puede volver a son-
reír. En este sentido, este signo representa agitación y turbu-
lencia.

Se corresponde con el hijo mayor, el pie en el cuerpo, la
primavera en relación con las épocas del año y temprano por
la mañana a lo largo del día, es decir, la salida del sol. Si se es-
tudian estas propiedades, se puede deducir que el *chen* constituye el principio de la expansión. Simboliza los procesos de
crecimiento y la *madera grande*. Su número es el tres.

**5.** Dirección sureste o *sun*. A este signo también se le denomina *el suave*. Este calificativo se debe a que se le ha asociado simbólicamente con un viento perpetuo más bien moderado. Se le atribuyen los brotes de los árboles. En este sentido, el *sun* se considera *madera pequeña*. Este símbolo representa el desarrollo flexible y adaptable. Por ello, también se relaciona con la diplomacia, la comunicación y el intercambio. Es el signo de los tonos más bien matizados, sin dejar por ello de ser muy influyentes.

Se corresponde con la hija mayor, con el muslo en el cuerpo, con el principio del verano de las épocas del año y con la mañana de los momentos del día. El número de este trigrama es el cuatro.

**6.** Dirección sur o *li*. Este trigrama se equipara con el *fuego*, el *sol*, el *rayo*. Si bien puede parecer extraño que el *li* represente por una parte claridad, conciencia e inteligencia, y, por otra, también se le asocie el atributo de dependencia, ello tiene su explicación. La luz y las sombras conforman un juego en dependencia mutua. Sabemos que sin luz no habría sombras y que la luz no podría existir sin las sombras. Esta reflexión se ve respaldada por el hecho de que también se conozca al *li* por su otro nombre, *el adherente*. Ello se debe a que la

*El sun tiene el sobrenombre de «el suave».*

*El li es el signo del fuego.*

claridad de la luz queda adherida a los objetos que puede iluminar. La ambivalencia del *li* también es importante: si bien por un lado el sol hace posible la vida, por otro, abrasa a la vegetación.

El trigrama del sur se asocia simbólicamente con la hija mediana, con el ojo, mediados de verano y el mediodía. Así, pues, el *li* encarna el punto álgido del verano. Su número es el nueve.

**7.** Dirección suroeste o *kun*. Aquí nos encontramos a la *tierra grande*. Representa la imagen de la madre naturaleza, lo fértil y lo que otorga vida. Es el *magna mater*, el horizonte infinito, la masa y la gravedad, pero también la arena y el cristal, la caverna, así como la casa.

El *kun* es el opuesto del *chien*, el creador, siendo el primero el polo yin más intenso. En consecuencia, este trigrama tiene una naturaleza receptiva, condescendiente, oscura y sustentadora al mismo tiempo.

Entre los órganos, al *kun* se le asocia el área del vientre; de las épocas del año, el principio del otoño, y de los momentos del día, la noche. El número que le corresponde es el dos, aunque en algunos hombres éste puede ser el cinco.

*El kun, el signo
de la gran tierra.*

**8.** Dirección oeste o *tui*, el *lago*. A este trigrama también se le conoce por el nombre de *lo agradable*. Por su simbolismo se le asocia con la apacible contemplación de un lago. Tal vez sea sorprendente que a lo largo de la historia el «gran éxodo» se haya producido en varias ocasiones hacia el oeste, como, por ejemplo, la conquista de EE.UU. por el «hombre blanco». Posiblemente ello se deba a que el instinto humano siga la dirección por la que se pone el sol, y por esta razón se cree que la tierra prometida –lo seductor, el paraíso– se encuentra en el oeste.

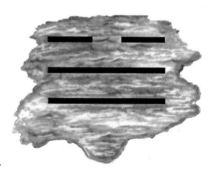

*El tui representa el lago.*

El *tui* se considera el *metal pequeño*, debido a que la superficie resplandeciente de un lago puede asociarse al metal plata. Su significado psicológico corresponde al encanto seductor. Asimismo, representa el número siete, la hija más joven y la boca. Entre las épocas del año, este trigrama simboliza el otoño tardío, y de los momentos del día, el crepúsculo.

Una vez conocidos los perfiles de los diferentes trigramas, es recomendable que copie el esquema de la siguiente página. Así lo tendrá a mano y no tendrá que consultarlo en el libro.

# Sistema de medición
# del confort en 10 puntos

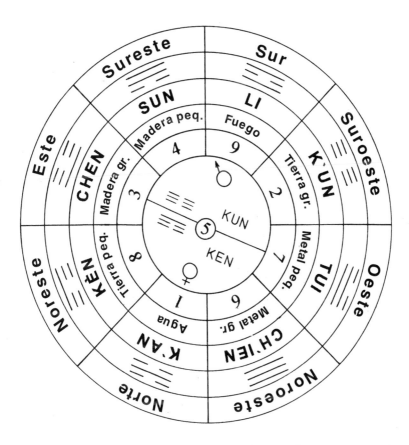

En la brújula lo pan se representa la distribución de los trigramas, los números de la brújula (números lo shu) y los elementos.

En el feng shui las ocho direcciones en conjunto tienen una importancia capital. De ellas, cuatro direcciones son primarias –norte, sur, este y oeste– y las cuatro restantes son secundarias –noreste, noroeste, sureste y suroeste–, aunque todas tienen una misma categoría. Las denominaciones «primaria» o «secundaria» únicamente aluden a que unas se derivan de las otras. Comprobará que la orientación relativa a los puntos cardinales es el centro en torno al cual gira todo análisis de feng shui. Tomando como guía este baremo explore las estancias de su vivienda e identifique cómo puede estimular su entorno. Pero antes deberá someterla a un estudio detallado. Éste le resultará fácil de realizar si sigue el modelo de trabajo en diez pasos que se describe en este capítulo. Estos pasos se han concebido en un sistema compacto a partir de las instrucciones en parte poco metódicas de maestros de feng shui asiáticos.

## El *lo pan*

En la brújula geomántica china, el *lo pan*, puede comprobarse la asignación de los elementos entre sí. Por lo general, una brújula corriente suele bastar para nuestros fines, aunque se describirá aquí brevemente el *lo pan*. En la brújula china, la aguja siempre apunta hacia el sur. Para el norte existen dos puntos pequeños en la placa giratoria, en la que se hallan señalados los puntos cardinales y sus nombres, y que debe desplazarse de modo que encierre por la derecha y la izquierda la parte de la aguja de la brújula que señala al norte (no marcado). En caso de que utilice una brújula convencional no necesita siquiera adaptarse al sistema del *lo pan* para determinar la orientación de las habitaciones. Bastará con que después de esbozar la planta de la vivienda aplique el esquema anterior. Para ello, señale los puntos cardinales, los trigramas y los elementos correspondientes en el croquis de su vivienda u oficina.

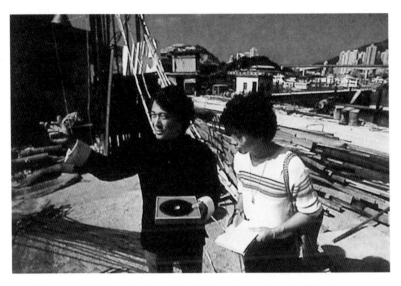

*Maestro de feng shui en Hong Kong con una brújula lo pan.*

Para comprobar lo fácilmente que puede desviarse la aguja de una brújula, aproxímela a objetos metálicos, latas y conducciones eléctricas. Si observa las desviaciones con respecto a los valores reales, podrá obtener luego las mediciones exactas.

## Fácil y práctico

Lea primero todos los pasos y anote los instrumentos que necesitará. El método se presenta de forma simplificada, aunque en una versión básica para profesionales.

Mida la extensión de su vivienda, su oficina (o cualquier otro tipo de espacio) de la forma más exacta posible con una cinta métrica (disponibles de hasta 25 m en cualquier establecimiento especializado). Cómprese una de una longitud adecuada para las estancias de su vivienda. Como último recurso también puede utilizar un metro plegable de carpintero, aunque los resultados en ese caso no serán tan exactos.

Le será más cómodo si al llevar a cabo esta tarea le ayuda una persona (una persona mide, la otra toma nota en el croquis). A fin de poder trasladar las mediciones de longitud a escala de la forma más exacta posible es recomendable emplear papel milimetrado. Para poder representar correctamente los ángulos, también precisará un goniómetro y una regla larga.

Si sólo desea hacerse con una rápida visión general de su vivienda, puede representarla sobre un papel de memoria y medir en algunos lugares, a fin de comprobar que las proporciones son correctas. Éste es el procedimiento más sencillo.

Escoja una escala apropiada para sus fines, por ejemplo 1 m = 1 cm o 1 m = 2 cm. Por muy exacto que desee ser, es importante reflejar las proporciones de tal modo que el croquis de su vivienda pueda utilizarse para determinar posteriormente las zonas positivas y negativas de las habitaciones según su orientación.

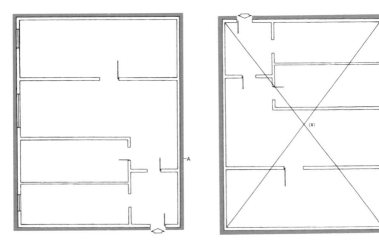

*Izquierda: planta del apartado 2. - Derecha: planta del apartado 3.*

El método presentado en la serie de 10 puntos sigue, en líneas generales, la división en sectores de las salas propuesta por Lilian Too, complementada con algunas medidas que facilitan la determinación de los puntos cardinales en estas zonas.

**1.** Traslade todas las longitudes medidas o estimadas a su croquis. En la medida de lo posible, tenga en cuenta también las aberturas y los salientes de las paredes.

**2.** Trace siempre un marco en torno a todo el croquis de la planta (en nuestro gráfico del ejemplo, se ha marcado mediante una A). En caso de que la planta sea irregular, dibuje la línea del marco en torno a todo el croquis, de forma que todos los contornos queden incluidos en él, al igual que en el ejemplo. Además, si el plano de la planta es irregular (véase el apéndice), ello significará que en el borde exterior se forman espacios vacíos. Estas zonas, aunque no pertenezcan a la planta, deben quedar dentro del marco. Los ejemplos que se representan en este capítulo se basan en una planta regular.

**3.** Señale en el croquis el punto central de las diferentes estancias. Para ello, trace con un lápiz una línea muy finamente de una esquina del marco hasta la esquina opuesta: el punto de intersección de las dos líneas diagonales constituye el punto central. Marque este punto con una cruz (en el ejemplo, se ha identificado mediante una x) y borre las líneas diagonales.

**4.** En la vivienda, la casa o la oficina busque el punto que corresponda a este punto central marcado con una x en la hoja de papel. Para ello, coja el croquis, el material de dibujo y la brújula. Determine desde allí los puntos cardinales. En caso de que la aguja de la brújula se desvíe en el punto central debido a la presencia de objetos metálicos o un ordenador, vaya a un punto neutro próximo al central y proyecte mentalmente la orientación de este último como punto de referencia en el pla-

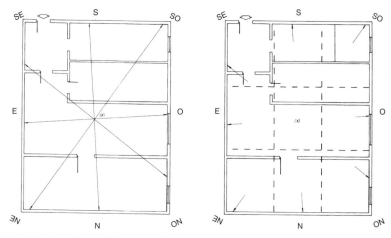

*Izquierda: planta del apartado 4. - Derecha: planta del apartado 5.*

no de planta. A continuación trace las líneas por las que dis-
curran las direcciones exactas del punto x, como si se tratara
del centro de la rosa de los vientos, con ayuda de un lápiz, tal
como se indica en el esquema.

**5.** Borre ahora las líneas de las direcciones, salvo las in-
tersecciones con el plano de planta o el marco. Divida el área
dentro del marco en tres sectores (también denominados segmentos) de un mismo tamaño, horizontal y verticalmente, mediante líneas discontinuas, como se señala en el esquema. Obtendrá una retícula de nueve segmentos.

**6.** Asigne a cada segmento una dirección, que puede señalar al margen del marco que circunda al plano de planta.
Para ello, guíese por las direcciones que ha marcado a partir
del punto central. Si, debido a las condiciones especiales de la
planta, hubiera dos direcciones en un mismo sector, establezca las asignaciones por los sectores más evidentes (véase un
ejemplo con esquemas especiales en el apéndice).

**7.** A continuación, abra el libro por la página 89 o bien recurra al esquema de la brújula que ya ha copiado. Señale en los diferentes sectores de la planta las cifras correspondientes a las direcciones (que pasan a ser los «números» de las secciones). En chino, estos números (de aquí en adelante denominados números de la brújula) se llamaban originariamente números *lo shu*. Puede encontrarlos en el segundo anillo del esquema de la brújula.

A la sección oeste se le asigna, por ejemplo, el 7; al sector noreste, el 8; al sureste, el 4, etc. El 5 siempre se coloca en el centro. En la antigua China, esta área correspondía normalmente al patio interior que por aquel entonces había en casi todas las casas. Una vez haya distribuido y asignado todos los números, obtendrá un plano de planta más definido.

Si se suman los números de cada fila o columna (es decir, horizontal o verticalmente), siempre debería obtenerse el re-

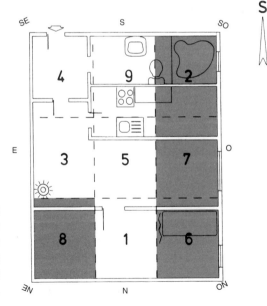

*Señale las cifras correspondientes a las diferentes direcciones en los distintos sectores (apartado 7).*

sultado de 15, lo que se conoce como un *cuadrado mágico*. Si las sumas no le cuadran, compruebe si ha señalado bien las direcciones y ha trasladado correctamente los números de la brújula (números *lo shu*). Un caso especial se da, por ejemplo, cuando las direcciones primarias (N, S, E, O) se encuentran situadas en las esquinas. En ese caso, la adición no da 15, pero sí se suman tres secciones ubicadas en esquinas relacionadas (véase esquema en el apéndice).

**8.** Analice ahora un factor que denominaremos *trigrama personal*. Éste le corresponde únicamente a usted e incluye un elemento. A este nuevo elemento o trigrama personal también se le asocia un indicador individual en forma de número. Este indicador se obtiene de aplicar una fórmula, que es un tanto distinta para hombres y mujeres.

**9.** Mediante los datos obtenidos en los pasos anteriores y a partir de las tablas (véanse págs. 98 y 99), determine las direcciones y los números de la brújula (es decir, los sectores de su vivienda u oficina) que personalmente le sean más propicios y menos propicios. A la izquierda figura en cada caso su indicador personal, mientras que a la derecha constan los números de la brújula y las direcciones en un orden que va de más favorable a menos favorable. Así, primero deberá comprobar en la columna izquierda qué indicador le corresponde y, a continuación, las direcciones y números señalados. Anótelos primero en una hoja de papel, por ejemplo dirección más favorable = suroeste, segmento 2; segunda dirección más favorable = noroeste, segmento 6; dirección más desfavorable = sureste, segmento 4, etc.

**10.** En su plano señale ahora la dirección más favorable en su caso y el número de la brújula indicado en el segmento correspondiente con cuatro puntos positivos (++++). Anote tres puntos positivos (+++) en el segmento correspondiente a la segunda dirección más favorable. Haga lo mismo con la tercera y cuarta dirección más favorables, asignándoles dos y un punto positivo, respectivamente.

Asimismo, marque mediante puntos negativos los segmentos según las direcciones y los números de la brújula desde el sector más desfavorable hasta el cuarto menos desfavorable.

## Cálculo del indicador personal en mujeres

Reste 4 a las dos últimas cifras de su año de nacimiento y divida el número resultante entre 9. El resto de la división es el indicador personal que le corresponde. Si la división es exacta (es decir, el resto es 0), deberá cogerse el 9 como indicador. Para determinar el año de nacimiento, guíese por el *calendario solar chino*, según el cual la primavera comienza en febrero. En este mes suele comenzar el año nuevo. Por lo general, se considera el 5 de febrero como último día del año anterior.

**Ejemplo:** Una mujer nació el 21 de septiembre de 1962. El cálculo, en consecuencia, sería como sigue: 62 - 4 = 58 : 9 = 6, resto = 4. En este caso, 4 es el indicador buscado. Si, en cambio, una mujer nació el 3 de febrero de 1962, en ese caso deberá considerarse el 61 en lugar del 62: 61 - 4 = 57 : 9 = 6, resto = 3. Así, el 3 sería su indicador.

# Direcciones y números de brújula
# más favorables para las mujeres

| Ind. pers. | Dirección más favorable Número de la brújula | Dirección más favor. Número de la brújula | Dirección más favor. Número de la brújula | Dirección más favor. Número de la brújula |
|---|---|---|---|---|
| | Sheng chi | Tien yi | Nien yen | Fu wei |
| 1 | 4/Sureste | 3/Este | 9/Sur | 1/Norte |
| 2 | 8/Noreste | 7/Oeste | 6/Noroeste | 2/Suroeste |
| 3 | 9/Sur | 1/Norte | 4/Sureste | 3/Este |
| 4 | 1/Norte | 9/Sur | 3/Este | 4/Sureste |
| 5 | 2/Suroeste | 6/Noroeste | 7/Oeste | 8/Noreste |
| 6 | 7/Oeste | 8/Noreste | 2/Suroeste | 6/Noroeste |
| 7 | 6/Noroeste | 2/Suroeste | 8/Noreste | 7/Oeste |
| 8 | 2/Suroeste | 6/Noroeste | 7/Oeste | 8/Noreste |
| 9 | 3/Este | 4/Sureste | 1/Norte | 9/Sur |

# Direcciones y números de brújula
# más desfavorables para las mujeres

| Ind. pers. | Dirección más favorable Número de la brújula | Dirección menos desf. Número de la brújula | Dirección menos desf. Número de la brújula | Dirección menos desf. Número de la brújula |
|---|---|---|---|---|
| | Chueh ming | Wu kuei | Lui sha | Ho hei |
| 1 | 2/Suroeste | 6/Noroeste | 8/Noreste | 7/Oeste |
| 2 | 1/Norte | 9/Sur | 4/Sureste | 3/Este |
| 3 | 7/Oeste | 8/Noreste | 6/Noroeste | 2/Suroeste |
| 4 | 8/Noreste | 7/Oeste | 2/Suroeste | 6/Noroeste |
| 5 | 4/Sureste | 3/Este | 1/Norte | 9/Sur |
| 6 | 9/Sur | 1/Norte | 3/Este | 4/Sureste |
| 7 | 3/Este | 4/Sureste | 9/Sur | 1/Norte |
| 8 | 4/Sureste | 3/Este | 1/Norte | 9/Sur |
| 9 | 6/Noroeste | 2/Suroeste | 7/Oeste | 8/Noreste |

# Direcciones y números de brújula más favorables para los hombres

| Ind. pers. | Dirección más favorable Número de la brújula | Dirección más favor. Número de la brújula | Dirección más favor. Número de la brújula | Dirección más favor. Número de la brújula |
|---|---|---|---|---|
| | Sheng chi | Tien yi | Nien yen | Fu wei |
| 1 | 4/Sureste | 3/Este | 9/Sur | 1/Norte |
| 2 | 8/Noreste | 7/Oeste | 6/Noroeste | 2/Suroeste |
| 3 | 9/Sur | 1/Norte | 4/Sureste | 3/Este |
| 4 | 1/Norte | 9/Sur | 3/Este | 4/Sureste |
| 5 | 8/Noreste | 7/Oeste | 6/Noroeste | 2/Suroeste |
| 6 | 7/Oeste | 8/Noreste | 2/Suroeste | 6/Noroeste |
| 7 | 6/Noroeste | 2/Suroeste | 8/Noreste | 7/Oeste |
| 8 | 2/Suroeste | 6/Noroeste | 7/Oeste | 8/Noreste |
| 9 | 3/Este | 4/Sureste | 1/Norte | 9/Sur |

# Direcciones y números de brújula más desfavorables para los hombres

| Ind. pers. | Dirección más favorable Número de la brújula | Dirección menos desf. Número de la brújula | Dirección menos desf. Número de la brújula | Dirección menos desf. Número de la brújula |
|---|---|---|---|---|
| | Chueh ming | Wu kuei | Lui sha | Ho hei |
| 1 | 2/Suroeste | 6/Noroeste | 8/Noreste | 7/Oeste |
| 2 | 1/Norte | 9/Sur | 4/Sureste | 3/Este |
| 3 | 7/Oeste | 8/Noreste | 6/Noroeste | 2/Suroeste |
| 4 | 8/Noreste | 7/Oeste | 2/Suroeste | 6/Noroeste |
| 5 | 1/Norte | 9/Sur | 4/Sureste | 3/Este |
| 6 | 9/Sur | 1/Norte | 3/Este | 4/Sureste |
| 7 | 3/Este | 4/Sureste | 9/Sur | 1/Norte |
| 8 | 4/Sureste | 3/Este | 1/Norte | 9/Sur |
| 9 | 6/Noroeste | 2/Suroeste | 7/Oeste | 8/Noreste |

## Cálculo del indicador personal en hombres

A 100 réstele las dos últimas cifras de su año de nacimiento y divida el número resultante entre 9. El resto de la división es el indicador personal que deseaba hallar. Si la división es exacta (es decir, el resto es 0), adopte el 9 como indicador. Guíese también en este caso por el calendario solar chino para determinar su año de nacimiento.

**Ejemplo:** Un hombre nació el 21 de septiembre de 1962. El cálculo en este caso sería: 100 - 62 = 38 : 9 = 4, quedan 2. En este caso, el indicador buscado es 2. Si, en cambio, un hombre nació el 3 de febrero de 1962, en ese caso el cálculo sería: 100 - 61 = 39 : 9 = 4, resto = 3. Por tanto, el 3 sería su indicador.

## El plano de planta ya se halla más definido

Si estudia ahora el plano y comprueba dónde existen más puntos positivos y dónde más puntos negativos, sabrá dónde se puede encontrar mejor y las áreas de su vivienda que preferiblemente deberá evitar, a no ser que la cocina y el baño se ubiquen precisamente allí. Ello se debe a que, según el feng shui, la cocina y el baño pueden neutralizar en muchos casos los influjos negativos.

Los indicadores personales también reciben el nombre de números trigrámicos.

En realidad, estos valores calculados a partir de la fecha de nacimiento se corresponden con un trigrama, una dirección y un elemento. Por tanto, se pueden considerar números personales de la suerte, a diferencia de los números que se asocian con la fortuna o la desgracia en China de forma generalizada (véase pág. 29). Además, los números de la brújula (los ya mencionados números *lo shu*) correspondientes a las direcciones positivas, en su caso también le depararán buenos augurios, no sólo en relación con los sectores de su vivienda u oficina, sino también con el número del portal, teléfono, etc. Esto también sucede en el caso del 4, que normalmente se asocia con el infortunio; al menos para la persona que lo tiene como número de la brújula esta cifra presenta una naturaleza menos negativa que en el resto.

# Grupos oriental y occidental de las direcciones

A fin de comprender mejor estas nociones y poder consultar en todo momento lo que significan los números *lo shu*, las direcciones específicas que representan en un edificio (en un piso, la oficina, etc.), en el siguiente capítulo se tratan en detalle cada una de las direcciones más favorables y desfavorables.

Las compatibilidades de las direcciones entre sí apenas tienen que ver con los ciclos creador o destructor, en algunos casos incluso nada en absoluto. La armonía entre el trigrama personal y las direcciones se halla relacionada principalmente con el hecho de que las ocho direcciones se hallan repartidas entre dos categorías básicas, el grupo occidental y el grupo oriental.

Se trata de una división tradicional sobre cuyo origen no se sabe mucho. Posiblemente se halle relacionada con la orientación del planeta y la rotación de la Tierra.

Según la tradición oral, las direcciones del grupo occidental –noroeste, suroeste, oeste y noreste– son compatibles y ejercen un influjo positivo entre sí. Las direcciones del grupo oriental –norte, sur, este, sureste– también presentan relacionas armoniosas. Sin embargo, las direcciones del grupo occidental y las del oriental interfieren entre sí. A partir de estas relaciones resultan para cada indicador o trigrama personal las direcciones más favorables y desfavorables.

Además, las personas que tengan un indicador personal adscrito al grupo occidental también se entienden bien, al igual que las personas cuyo indicador corresponda al grupo oriental. En cambio, entre las personas de diferente grupo parece ser más difícil suavizar las tensiones y, además, suele suceder que al hablar no se entienden.

# El significado de las direcciones

*Dirección principal sheng chi, en español: aliento vital*

En esta orientación radica algo así como el origen de la vitalidad, la «fuente» o la «dirección del nacimiento del aliento» hacia todas las estancias que someteremos a análisis. En circunstancias favorables esta orientación atraerá cadenas de acontecimientos deseables (sincronismos). Ello significa que uno se encuentra con frecuencia en el momento oportuno en el lugar adecuado –aplicado esto mentalmente a la sección de la habitación correspondiente.

Se trata exactamente del segmento que propicia en mayor medida bienestar y prosperidad, cuando no riqueza. También actúa positivamente en aquellas personas que aspiran a gozar de un cierto prestigio y a tener una descendencia numerosa. Y dado que un proyecto o una idea pueden considerarse como «hijos», también podría denominarse el «rincón creativo». Marque esta área mediante un símbolo de la suerte. Es un lugar excelente en el que ubicar el dormitorio. La cabecera de la cama debería estar orientada en esta dirección, si no hubiera criterios adversos que lo desaconsejaran.

Al elegir una vivienda o al comprar una casa, lo ideal es encontrar una residencia cuya entrada principal (vista desde dentro) se halle orientada en la dirección correspondiente (preferentemente con una desviación de dos hasta cinco grados, a fin de que el ímpetu del *sheng chi* no sea demasiado intenso).

En caso necesario, y si dispone de recursos económicos, es aconsejable que realice reformas en su casa, a fin de que la puerta principal quede orientada en esa dirección. Ello se debe a que el segmento correspondiente representa la expansión personal y la fuerza vital por excelencia. No obstante, la orientación hacia el *sheng chi* de la puerta de entrada no puede aplicarse a todas las personas. Existen algunas excepciones, que se describen en el capítulo «La zona de entrada».

### *Tien yi, en español: doctor celestial*

Esta orientación favorece el bienestar físico, de ahí también su nombre, que alude a la ayuda cósmica en caso de enfermedad (el *médico arquetípico*). Una larga permanencia en esta área propicia los procesos de curación incluso en enfermedades crónicas y dolencias graves. Naturalmente, esta recomendación no sólo se refiere a dolencias orgánicas, sino también a las afecciones psicosomáticas y al equilibrio emocional.

El segmento de la vivienda que le corresponde también actúa de forma positiva en otros ámbitos de la vida. En este sentido, ampara todo lo que tenga que ver con una vida acomodada y placentera: popularidad entre los compañeros de trabajo, los amigos, el reconocimiento por la dedicación profesional, un buen nivel de ingresos, los placeres de la vida cotidiana, la sensación de tener una base en que apoyarse.

### *Nien yen, en español: vida longeva*

Esta orientación corresponde al área de las buenas relaciones familiares. Si se producen disputas entre los cónyuges o existen problemas entre padres e hijos, debería activarse esta área. Ello puede conseguirse, por ejemplo, distribuyendo las estancias de tal modo que la puerta del salón de estar o del dormitorio se ubique aquí o quede orientada en esta dirección. Asimismo, también pueden reforzarse los resultados colocando un símbolo de la suerte en esta sección, como, por ejemplo, figuras de ángeles, que pueden adquirirse en establecimientos de decoración. Ello se debe a que estas figuras atraen fluctuaciones denominadas «energías de ángeles». Si prefiere colocar una estatua de Buda, también le ayudará a reforzar la dirección *nien yen*. Esta orientación también puede reportarle suerte en la búsqueda de pareja, así como en el caso de que desee tener hijos. Finalmente, algunos maestros de feng shui afirman que el *nien yen* favorece el bienestar familiar. Tal vez ello deba entenderse en el sentido de una vocación de una larga carrera profesional con apoyo por parte de la familia, que puede prestarse tanto psicológica como materialmente, así como en el caso de negocios familiares o la colaboración con parientes.

## Fu wei, en español: Yo fundamental

Ésta es una orientación que resulta especialmente idónea para la meditación, la reflexión y la confrontación con la propia vida. En esta zona es posible centrarse, ganar en lucidez y practicar el yoga. Sin embargo, no es apropiada para la concentración en objetivos profesionales u otros procesos mentales que tengan como finalidad potenciar la carrera o el reconocimiento en el mundo exterior. No obstante, este rincón o sección de la casa puede reforzar su satisfacción por lo que ha alcanzado.

A pesar de que exista una jerarquía entre estas cuatro orientaciones positivas, cada una posee su valor propio y una acción especial. Así, por ejemplo, una persona que desee realizarse espiritualmente preferirá concentrarse en la energía del *fu wei*, la cuarta dirección citada. Para este fin, pues, ésta constituye la mejor orientación. Para el desarrollo personal y la fortuna terrenal, no obstante, es recomendable seguir el orden señalado.

## *Ho hei, en español: infortunio y adversidades*

Se dice de esta orientación que atrae la mala suerte y los contratiempos, aunque nunca grandes desgracias. Ello se traduce en pequeñas aunque molestas pérdidas materiales –la rotura de un jarrón o la avería de un aparato eléctrico– e incluso una dislocación de un pie o un brazo. Esta zona puede estar relacionada con enfados y divergencias de opinión en el trabajo, querellas judiciales de menor importancia o el suspenso de un examen en el primer intento.

## *Wu kuei, en español: cinco espíritus*

Esta orientación puede ser realmente muy desagradable en algunos casos. Algún familiar que viva en casa podría caer gravemente enfermo, especialmente si su sistema inmunológico es débil o adolece de una falta de vitalidad. Por otro lado, también se asocia esta orientación con el robo y los incendios. Así, el *wu kuei* podría favorecer los desvalijamientos en casa si en este sector se sitúan habitaciones en las que se halla una caja de caudales, una estatua de valor o un cuadro caro. Del mismo modo, en una fiesta en casa también podría suceder que alguien sustrajera algo. Lo más aconsejable es utilizar la habitación que se encuentre en este segmento como cuarto trastero.

## *Lui sha, en español: seis muertes*

Este nombre no es precisamente nada alentador para un área del hogar. Por lo general, deberá evitarse ubicar entradas o estancias importantes en esta posición. De esta forma, pueden evitarse disputas, el divorcio, la falta de armonía en las relaciones familiares o de pareja, aunque también importantes problemas en la carrera profesional o en los negocios. No olvidemos que podemos padecer de algún tipo de «muerte», sin morir en realidad. Una y otra vez las habitaciones situadas en estas áreas afectan a las personas de tal modo que enferman seriamente o corren el peligro de sufrir un accidente trágico, en casos extremos con la muerte como desenlace. El riesgo es muy alto cuando una gran parte del dormitorio (por ejemplo, la cama) se halla en esta área o si permanece mucho tiempo en esta zona.

*Chueh ming, en español: final de la vida*

Esta orientación y su sector se consideran el área más desfavorable de toda la casa, el piso o la oficina. Ello se traduce en que la familia, uno mismo o los empleados se vean especialmente expuestos si la puerta de entrada principal u otro ámbito delicado o importante se encuentran ubicados en esta posición. El buen nombre propio podría verse deshonrado, y la reputación, arruinada. En algunas circunstancias podría perder cuanto posee. Por esta razón, es aconsejable mantenerse siempre alejado de estas áreas.

## El «antídoto»

Al igual que el suero surte efecto ante la mordedura letal de una serpiente, según Lilian Too existen dos estancias que pueden constituir un eficaz antídoto contra el influjo de sectores negativos u orientaciones desfavorables: el baño y la cocina. Según su tesis, es como si los inodoros evacuaran las fuerzas negativas de un segmento del hogar y los hornos y los fogones de la cocina se encargaran de «quemar» las energías perjudiciales.

Ello significa que estas estancias de servicios deberían hallarse situadas en las secciones de la vivienda más desfavorables. En caso de que no se dé una distribución de las habitaciones que equilibre las energías de esta forma, deberá pensar en otra solución. Un samovar utilizado con frecuencia puede desempeñar una misma función, incluso una chimenea o un hogar danés.

Si, debido a su situación económica o la posición de esta área, no le queda más remedio que tener una habitación o incluso una entrada en este segmento, es indispensable que coloque símbolos protectores, como estatuas de Buda u otros talismanes. En todo caso, deberá ubicar los dormitorios y los cuartos de los niños en otra zona del hogar.

## Medidas auxiliares
## para las orientaciones desfavorables

Si vive en un apartamento de un solo ambiente, deberá procurar neutralizar especialmente las áreas correspondientes al *lui sha* y el *chueh ming* en la mayor medida posible. Se trata, sobre todo, de evitar estos rincones o secciones de la casa o el piso, es decir, de permanecer el menor tiempo posible aquí. Esto también debe observarse en las zonas correspondientes en la oficina y las superficies comerciales.

Si tras sus cálculos comprueba que gran parte de su hogar se halla orientada de forma desfavorable y que su dormitorio no podía salir peor parado, no sea presa del pánico. Es probable que hasta ahora todo haya ido bien, y tal vez la advertencia del destino para cambiar algo ahora haya llegado oportunamente. Tampoco debe sentirse culpable si un familiar ha sufrido un accidente tras haber dormido una o dos veces en el *área lui sha* de su casa, en la que precisamente se encuentra la habitación de los huéspedes.

En última instancia, todos somos responsables de nuestro destino. Sin embargo, seguramente habrá algo que pueda hacer para mantener alejadas las energías nocivas de su entorno familiar o de su círculo de amistades mediante símbolos positivos estratégicamente colocados en su hogar. Ahora ya dispone de las herramientas necesarias y puede llevar a cabo sus propios cálculos y análisis. De lo que se trata ahora es de obtener el instrumental preciso con el que poder contrarrestar los influjos negativos a través del tratamiento oportuno de los elementos y potenciar los influjos propicios.

## Tratamiento de los elementos II
## Ciclos sutiles

Puede optar por adoptar dos soluciones encaminadas a equilibrar los elementos. Puede escoger entre el ciclo creador o el de control.

Una orientación desfavorable puede neutralizarse reforzando en el ciclo creador el elemento individual correspondiente a su indicador personal (= elemento del trigrama personal). Por otro lado, puede anular la acción del elemento agresor de la orientación y el número de la brújula negativos en su caso si en el segmento en cuestión de la casa o el piso hace hincapié en un elemento que en el ciclo de control ataca al propio agresor.

Finalmente existe también la posibilidad de quitarle fuerza al elemento que actúa como «vampiro energético» en la zona conflictiva. ¿Cómo puede hacerlo? Por ejemplo, utilizando un elemento que se nutre de la naturaleza agresiva en el ciclo creador.

Asegúrese, no obstante, de que, si tiene la intención de activar varios resortes en una sección en concreto, sus medidas no se anulen recíprocamente o que provoquen una situación poco útil en otro sentido. Un recurso mediante el cual debilita el elemento de un segmento muy negativo también puede volverse en contra de uno de sus elementos personales. En ocasiones, es mejor tomar menos medidas y, en lugar de ello, frecuentar lo menos posible la zona negativa.

# Nueva comprobación

Cómo debe actuarse en cada caso es una cuestión que en ocasiones no se puede decidir únicamente según unas reglas determinadas, el juicio o las sensaciones. Para estos casos, se recomienda tener a mano un ejemplar del *I Ching*. Consultar esta obra, cuya lógica se basa en la escuela de la brújula del feng shui, es el mejor método para poner en claro las preguntas sin respuesta aparente. No obstante, debería tenerse algo de experiencia para entender bien el *I Ching*, de forma que se constituya una especie de diálogo entre usted y este oráculo.

Si no desea optar por esta vía, en ese caso se recomienda prestar atención a la voz interior y a las señales del cuerpo que, con frecuencia, transmiten la oportunidad de lo que uno desea hacer en concreto en la configuración del espacio en relación con los elementos y la orientación. Cuando piense en cómo contrarrestar los diferentes elementos perturbadores en distintas áreas y orientaciones, es conveniente revisar los esquemas que llevó a cabo mientras analizaba los primeros elementos (elemento del edificio en el que vive, sus elementos del año y hora de nacimiento). Aun así, estos factores se relegan a un segundo plano al elaborar las medidas oportunas a aplicar en los diferentes segmentos de la vivienda.

# El arte en detalle

Para compensar las energías negativas de una sola habitación o una única pared en una sección, en una orientación determinada con ayuda de los colores, se toma como guía el elemento de la dirección en concreto o bien el elemento del indicador personal (trigrama personal). Se trata aquí de un influjo local.

Si, en cambio, desea cambiar el color de una extensa superficie de pared o elegir la moqueta de todo el piso, resulta oportuno incluir más elementos en el cálculo (el elemento de la casa, así como los elementos propios del año y la hora de nacimiento).

Un ejemplo: una persona se ve acosada por el elemento fuego en una situación concreta, debido a que su trigrama personal es el *chien* (metal). Al mismo tiempo, el elemento correspondiente a su año de nacimiento es la tierra. El fuego favorece, por un lado, las cualidades de la tierra, mientras que, por otro, *funde* las propiedades del metal pertenecientes a su trigrama personal, que, según la versión tradicional, son las que más deben ponderarse en relación con el interior del piso o la casa.

A ello cabe añadir que esta persona vive en una casa que, además de la dirección agresora (por ejemplo, en la sala de estar), también representa el fuego debido a las formas arquitectónicas del edificio (por ejemplo, cubierta a dos aguas, acabada en punta). En consecuencia, la energía del trigrama personal se vería expuesta a dos agresiones. *Apagar el fuego simplemente con agua* sustraería energía de la singularidad simbolizada por el metal. Lo mejor sería hacer énfasis sobre el elemento tierra, por ejemplo, mediante grandes vasijas de arcilla, ánforas de piedra, material de terracota o un suelo de mármol, ya que la tierra crea al metal y, además, absorbe energía del fuego, ya que aquélla se nutre de éste.

Con el tiempo descubrirá que en ocasiones deben tomarse caminos harto intrincados, a fin de poder equilibrar los elementos de forma óptima. Pero cuando las medidas adoptadas funcionan, no puede por menos que quedar cada vez más fascinado ante esta ciencia de la disposición de los elementos en el espacio.

Hará experimentos, descartará algunos métodos, probará otros; no obstante, con el tiempo, podrá comprobar la mejora en los resultados. Por esta razón, se recomienda al principio no optar de inmediato por soluciones costosas, sino mantener un cierto nivel de experimentación que no le represente una gran inversión en cuanto a tiempo y dinero. A continuación, se describen algunos incentivos y ejemplos de las medidas que puede tomar ante los elementos.

## Magia con metal

Revestimientos de metal o esmaltes metálicos, figuras y estatuas de bronce, marcos, perchas del armario o estantes cromados o de latón, miniaturas de automóvil de metal, lámparas y candeleros de plata, latón o cromo, así como tejidos brillantes de tonos plateados o dorados.

## Fantasías de agua

Lámparas de agua con burbujas de aire, lámparas de lava con líquidos de colores que se mueven, acuarios, fuentes de interior singulares (como, por ejemplo, con espejos y vidrios), cuadros de escenas del mar, cascadas o con motivos de la navegación, tonos azules para las paredes o las persianas, abanicos, pantallas de lámparas de color azul o turquesa, así como manteles, muebles tapizados, pintura de puertas, molduras o estuco en colores similares.

## Ideas de madera

Plantas, sobre todo aquellas de tallo leñoso y frondosas, aunque también árboles y flores artificiales, revestimiento de paredes, artesonados, entarimados, parqué, muebles de caña de rota, artículos de cestería, mimbre, muebles de madera natural, revestimientos de corcho, tonos verdes para las paredes, suelos, techos y objetos de decoración, velas verdes, lámparas, colchas o marcos de cartón.

# Remedios de fuego

Empapelados, pinturas, esmaltes de colores rojizos, velas, hornos, chimeneas, focos, lámparas halógenas de colores (atención: no las deje nunca demasiado rato encendidas) u otros elementos de iluminación, aunque también abanicos, cojines, fundas de sofá, sillones o sillas de color rojo o salmón, cuadros con predominio de tonos rojizos y rosas.

# Materiales de tierra

Revestimientos de piedra natural, mármol, a ser posible en tono champán, marrón o beige, paredes, alfombras, cortinas, persianas y mobiliario en estos tonos, girasoles de seda, piedras decorativas, vidrios, esculturas de piedra, jarrones de arcilla, artículos de terracota y cerámica, porcelana y figuras de jade.

# Ejemplos de armonía para suavizar los elementos

En muchas circunstancias, se procurará someter un elemento agresor a un control moderado. Esto es sobre todo válido en el caso de la dirección *ho hei*, la menos agresiva. Para ello, se suele optar por absorber suficiente energía al factor perturbador, reforzando el siguiente elemento del ciclo creador. Ello se consigue realzando este elemento receptor en la estancia. La ventaja de este procedimiento radica en que este remedio actúa de forma menos polarizante y conflictiva que una medida que recurre al ciclo destructor. Por esta razón, todo el conjunto ofrece una impresión más armoniosa. Se obtienen los mismos efectos si se potencia el propio elemento.

Supongamos que tomamos una sección que representa el elemento tierra y que el suyo es el agua: en este caso, se vería sustentado por el metal. Si en su oficina hubiera influjos perturbadores, podría protegerse a sí mismo en su naturaleza de agua eligiendo estanterías de metal para el archivo, colocando una lámpara de pie cromado o en latón en el área de trabajo, etc. El metal, por su parte, se nutre de la energía del entorno que desea neutralizar, absorbiendo parte de su carga nociva.

Así, por ejemplo, una persona de signo tierra se ve afectada por la madera en una sección que, en otras circunstancias, no resultaría tan negativa. Si bien las propiedades de los elementos se encuentran en conflicto en este caso, también se puede contrarrestar este efecto de forma moderada. Debería proporcionarse el medio idóneo al elemento personal, en el que se encuentre a gusto, incidiendo en él mismo. En los siguientes capítulos se expone cómo puede mejorar y optimizar cada situación en las diferentes estancias, aplicando todo lo que ya conoce sobre trigramas y elementos, a los que cabrá añadir otros factores que complementen su instrumental.

# La zona de entrada

Las habitaciones deben transmitir claridad y profundidad. Por esta razón, un recibidor siempre deberá tener suficiente luz. De esta forma, se garantiza un flujo vivo del chi. En cambio, una zona de entrada sombría podría acabar destruyendo este flujo. Además, un vestíbulo nunca debería estar atestado. Procure, pues, que aquí se respire un ambiente que estimule positivamente al chi.

Si el área de entrada es especialmente estrecha y la puerta del piso da justo a una pared, debería colgarse en ésta un póster o un cuadro luminoso, de motivo apacible y con una gran perspectiva. De lo contrario, uno puede tener la sensación de que se queda atrapado y no puede seguir adelante.

Dado que los espacios que limitan la sensación de desarrollo personal pueden repercutir a otros niveles, reduciendo la suerte y el éxito, debería cambiar su atmósfera en caso de que ello fuera necesario. Logrará su objetivo si nada más pisar una estancia se abre ante uno un nuevo mundo de experiencias que resulta de una programación mental positiva en todos los sentidos. Por tanto, disponga los elementos de forma que ópticamente se cree la suficiente sensación de profundidad. Ello se consigue mediante cuadros o fotografías que presenten un primer plano, un plano medio y un trasfondo bien diferenciados.

Otra solución, consistente en practicar una abertura en la pared, es naturalmente mucho más complicada y costosa, además de que tal vez el arrendador tenga sus objeciones, si se trata de un piso de alquiler. Y en pisos de propiedad, al margen de los costes, todavía queda la cuestión de los problemas estructurales que ello pueda representar.

No coloque un espejo directamente enfrentado a la puerta de entrada para crear mayor amplitud, ya que éste reflejaría la energía vital que debería acceder al interior. En consecuencia, el chi no podría fluir por la vivienda. Si, de todos modos, desea poner un gran espejo frente a la puerta de entrada, colóquelo como mínimo a tres metros de distancia de ésta.

No obstante, algunos expertos en feng shui sostienen que puede disponerse un espejo a menos distancia de la entrada si éste no supera los 30 cm de ancho. Ello resulta especialmente recomendable si al entrar en el piso uno se encuentra directamente con la puerta de un baño. Esta disposición simboliza que el chi que accede por la entrada se evacua inmediatamente. El espejo estrecho evitaría esto desviando el chi de la puerta del baño. Si está proyectando construir una casa o está buscando un nuevo piso, es importante que preste atención a la posición de la puerta de entrada. Ésta debería estar dispuesta de tal modo que al abrirla o al mirar hacia fuera esté orientada en una de las direcciones que le son propicias, como mucho en la dirección *ho hei*, la menos desfavorable. Si no le importa hacer esta concesión, deberá, no obstante, tomar algunas precauciones, como, por ejemplo, reprimir la propiedad del elemento que le corresponde en la dirección *ho hei*. Por lo demás, siempre resulta beneficioso favorecer el elemento personal mediante el ciclo creador o sustentador.

## La orientación de la puerta

Lo ideal ante unas circunstancias ya dadas es que la puerta de entrada ya se encuentre orientada en la dirección *sheng chi*, puesto que ésta simboliza literalmente su *aliento vital*. En caso de que estudie el plano de su casa con su arquitecto, comuníquele que preferiría que la entrada se hallara orientada en su dirección *sheng chi*. Una desviación de uno hasta cinco grados de esta dirección ideal es absolutamente tolerable e incluso presenta ventajas, ya que de esta forma sus efectos no son tan intensos.

No obstante, existen algunas excepciones en las que la puerta de la entrada no debería apuntar hacia la dirección más favorable. En estos casos, otra dirección benévola –como, por ejemplo, *nien yen* o *fu wei*– constituye una buena elección. Esto sucede en las personas cuyo indicador personal es 1 o 9 y pertenecen al grupo oriental. La dirección *sheng chi* debe aplicarse preferentemente en aquellas personas que tengan el indicador 3 o 4.

Lo mismo puede decirse de las personas del grupo occidental. En este contexto, Lilian Too señala que sólo las personas con el indicador 2, 5 u 8 deberían optar por disponer la puerta de entrada en la dirección *sheng chi*. Ello se debe a que, de lo contrario, se instituiría el caos en las relaciones entre los grupos oriental y occidental. Si viven varias personas en un hogar, siempre se toma a la persona que sustenta en mayor medida a la familia como guía para orientar la puerta de entrada.

A la puerta se le asocia una acción especial sobre el bienestar y la fortuna de los ocupantes de la casa. Observe cómo en los edificios altos, aunque también en las pequeñas casas plurifamiliares, el portal tiene una mayor importancia que la puerta del piso en que se vive. Preste atención, pues, a la orientación de la puerta de la calle (mirando desde dentro hacia fuera), si desea evaluar lo favorable que es una situación dada.

Los pisos cuya puerta se abre a un pórtico deben analizarse al margen del portal de la casa.

Aun así, es totalmente factible compensar en cierta medida la orientación poco propicia de una puerta si se realizan varios cambios en el interior del hogar según el feng shui. Con todo, en épocas críticas suelen producirse problemas a pesar de todas las medidas tomadas. En ese caso, sería conveniente buscar otra vivienda cuya puerta estuviera orientada en una dirección más propicia.

## Protección de la puerta

En relación con la puerta, lo que es esencial es que no actúen sobre ella flechas ocultas. Al principio de este libro ya se señalaron los inconvenientes de tener un árbol o una farola frente a la entrada. Igualmente desfavorable resulta si la cubierta de la casa de enfrente acaba en una punta que señala su puerta. Cabe hacer la misma consideración en el caso de la cruz de una iglesia, una chimenea o la esquina de un muro. Si vive en una casa que presenta alguna de estas características, puede colocar un espejo, como ya se describió anteriormente, con un cierto grado de inclinación, de modo que desvíe, por así decirlo, la punta del árbol o el poste hacia el cielo.

Gracias a la inclinación del espejo se evita que la energía negativa se desvíe hacia el vecindario. Según un importante principio del feng shui, nunca deberá perjudicarse a otras personas debido a la adopción de medidas de esta disciplina.

Tampoco en el interior al entrar en un piso, casa u oficina deberían existir figuras en forma de flecha que apunten hacia el recién llegado. En este sentido, hoy en día encontramos, por ejemplo, muebles zapateros que se asemejan a un obelisco y acaban en punta. Colocados de forma poco favorable, pueden tener efectos nefastos. Si no desea ocultar este mueble tras una cortina, siempre le queda una posibilidad que le permitirá suavizar la naturaleza agresiva de la flecha. Hágase con una bola de decoración plateada de tipo navideño, y podrá ocultar con ella la punta de este armario.

Asimismo, los percheros de pie que tengan varillas que apunten hacia fuera también actúan como flechas. Estas varillas producen el efecto de espinas que atraviesan al que entra, quien sólo las percibe de esta forma en el subconsciente. Elija en su lugar una decoración armoniosa que introduzca al recién llegado en el ambiente que desee conferir a su hogar. Por lo general, se cree que para cada casa existe un guión sin escribir, aunque perceptible en cuanto pisamos su umbral.

Por tanto, escoja una decoración adecuada para el área de entrada con amor y cuidado. Merece la pena dotar a esta zona de símbolos de la suerte. Algunas personas prefieren para ello la cruz egipcia *ankh*, otros prefieren motivos indios o ideogramas chinos. Lo único que importa es que estos objetos tengan un significado especial para usted.

## El recibidor: abanicos y espejos

En muchos pisos, especialmente si son pequeños, la entrada y el recibidor coinciden en el mismo sitio o no se hallan diferenciados. No limite esta área a un mero lugar de paso con un perchero para abrigos y sombreros. Tenga presente que la energía se distribuye desde aquí hacia el resto de las estancias de su hogar. Sólo ya por esta razón esta zona debería gozar de un aire propio e inconfundible.

Dado que aquí se establecen los canales del flujo de la energía hacia el resto de habitaciones, es recomendable procurar que la energía vital fluya de forma ininterrumpida desde aquí. Favorecen considerablemente este proceso los abanicos, que deben fijarse a la pared de una forma muy determinada (véanse las ilustraciones de la página 120). Para su colocación,

*Este abanico impulsa la energía a través de la puerta.*

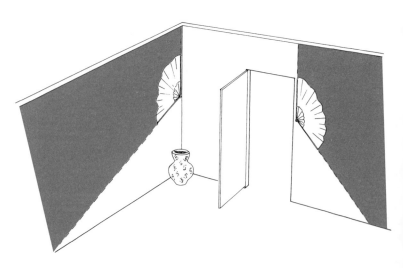

*Estos abanicos difunden la energía en la entrada.*

utilice parches adhesivos, y para sostenerlos puede emplear una alcayata plana (que no sobresalga) o una espiga en la que pueda apoyar el abanico.

Atención: No fije el abanico mediante clavos, ya que el cometido de éste consiste en absorber mucho chi y transmitirlo. Por esta razón, no tolera la presencia de obstáculos como clavos.

Al igual que en el resto de habitaciones, los abanicos difunden excelentemente la energía vital en el recibidor y la zona de entrada.

# Habitaciones, estilo de vida
# y desarrollo personal

En cada sala, busque un punto de referencia principal hacia el cual se orienten los muebles y la decoración. Éste debería encontrarse, además, en una de las direcciones favorables, es decir, en el segmento asociado.

Cada estancia dispuesta armoniosamente posee, además, otras zonas de referencia secundarias, que ópticamente interactúan de forma positiva, algo así como un grupo de montañas que ofrecen un espectáculo armonioso a la vista. Favorezca estas áreas al igual que el punto de referencia principal mediante objetos atractivos que capten el interés de la mirada. Entre éstos se cuentan, por ejemplo, espejos octogonales, que además según el feng shui también son símbolos de la suerte, así como abanicos, cuadros, estatuas, lámparas, etc.

Estructure también la sala confiriéndole un efecto de profundidad mediante múltiples aspectos en primer plano y al fondo. Ello se consigue, por ejemplo, disponiendo armarios, anaqueles, estanterías, cuadros y espejos de modo que formen líneas alternas, que en conjunto resultan muy armoniosas, pero que al mismo tiempo no chocan a la vista.

Cabe aquí prestar atención a un principio: no dejar nunca que se formen agujeros antiestéticos o «saltos abruptos de la vista» entre los elementos de una estancia. Tampoco debe haber pilares, ángulos y aristas salientes. Por una parte, pueden actuar como flechas ocultas y, por otro, alteran la simetría y la armonía del conjunto. La forma de la estancia no es menos importante. En principio, por cuestiones de simetría, el feng shui siempre favorece una planta rectangular, lo que también es válido para toda la casa, y el terreno en el que se encuentra situada.

Una forma de L, frecuente en las estancias, suele considerarse también desfavorable. Entre otros motivos, ello se debe a su posible parecido a un gancho o un hacha. No obstante, este problema tiene solución. Una posibilidad consiste en colocar una lámpara grande o alta en la esquina, entre las dos secciones de la sala. Este foco se encarga entonces de transmitir chi en forma de luz de modo uniforme en ambos lados. La energía continúa actuando mientras la lámpara no esté encendida, como si hubiera impregnado el ambiente.

La forma en L tampoco resulta aconsejable en el caso de sillones y sofás. Al distribuirlos deberá procurarse que formen una disposición cerrada en sí. Por esta razón, los sofás en forma de L, por ejemplo, no son convenientes. En cambio, una forma en U sí es armoniosa. Aun así, puede compensarse una disposición en L (véase ilustración).

La ubicación de un sillón es favorable, si desde éste se puede ver sin problemas la entrada directa o indirectamente mediante espejos. No obstante, el sillón o sofá principal no deben

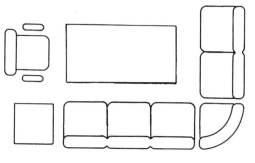

*Un sofá en forma de L se convierte en una U gracias a una mesa auxiliar y un sillón, e integrando la mesa en el conjunto forma un cuadrado.*

estar enfrentados a la puerta, ya que, de lo contrario, el flujo de la energía que entra en la sala incidiría directamente en la persona sentada aquí. De modo similar, cualquiera que se encuentre sentado y expuesto por un flanco al chi que accede por la puerta a la estancia, se suele sentir intranquilo.

Asimismo, debe asegurarse de que al sentarse a una mesa no debe tener una ventana a sus espaldas. Si no puede evitarlo por razones de espacio, es aconsejable colocar suficientes plantas en la ventana a modo de defensa hacia fuera.

Según los expertos, no debe situarse un sofá demasiado alejado de la pared, dado que en este caso faltaría la protección por detrás. Este aspecto puede contrarrestarse mediante un estante colocado a la misma altura que el sofá, de modo que cierre la abertura. Esta medida amortigua este asiento en cierta medida.

En este sentido, cabe tener presente que la pared tras un asiento equivale a la elevada formación protectora de la tortuga.

Asimismo, y dado que las comidas simbolizan el bienestar de un hogar, deberá prestar especial atención al área donde está ubicada la mesa o al comedor. Cambie la decoración de la mesa con cierta frecuencia, y atraiga aquí al chi mediante velas. Las flores también favorecen la energía vital en esta área.

A fin de potenciar la abundancia en la mesa y el bienestar que simboliza, resulta muy ventajoso colocar un espejo en un lado del comedor, a ser posible de techo a suelo. Asegúrese, no obstante, de que no se refleje en él el flujo de energía procedente de la entrada. Los comensales tampoco deberán tener la impresión óptica de que el espejo separa la cabeza del cuerpo. Por esta razón, es importante disponerlo a una cierta altura.

## El entorno de la sala de estar

Por lo general, se considera ventajoso que la sala de estar se encuentre próxima a la zona de entrada. En la medida de lo posible, debería poderse acceder a la sala de estar sin tener que cruzar otras estancias o atravesar un largo pasillo. En algunos casos, este aspecto puede ser determinante a la hora de decidir qué estancia será la sala de estar.

No obstante, existen dos opiniones contrarias respecto a la proximidad entre la entrada y la sala de estar. Por un lado, unos sostienen que es realmente nefasto si se accede de forma directa a esta estancia nada más abrir la puerta de entrada, debido a que no existe un recibidor, o si lo hay éste es ínfimo. En estos casos, un biombo o un tabique divisorio pueden resultar de ayuda.

En cualquier caso, una puerta entre la zona de entrada y la sala de estar es muy beneficiosa, aun cuando se trate tan sólo de una pequeña puerta corredera. En el caso de grandes superficies (por ejemplo, un *loft*), también debería haber una estructura que separe visualmente el vestíbulo de la zona en que se desarrolle la vida privada. De lo contrario, a una persona podría resultarle difícil definirse en su entorno social, faltándole una coraza estable hacia el exterior.

## Dos filosofías de sala de estar

La postura que defiende Lilian Too considera esta cuestión de modo distinto. Según la autora, gracias a un acceso inmediato a la sala de estar el aliento vital entra directamente en la vivienda. Sin embargo, es importante que no haya ningún aseo en el área de entrada. El baño debe hallarse estrictamente separado de la zona de estar. Probablemente la opinión acerca de si la entrada y la sala principal deben formar una unidad o no varíe de una persona a otra, según el criterio de cada uno.

A las personas que tengan problemas de delimitación respecto de su papel social, probablemente les beneficie disponer de una zona de amortiguación en forma de recibidor.

En cambio, la segunda opción puede ser adecuada para quien deba luchar contra problemas para conectar con los demás, al igual que para personas que no tienen dificultades en este sentido y saben perfectamente qué papel desempeñan en la sociedad. Ello significa que aceptan la vida tal como les viene sin necesidad de «esclusas». De esta forma, se tiene la posibilidad de ser sociable partiendo de los simbolismos en la casa.

## Tiempo para vivir, tiempo para trabajar

Para el feng shui, el dormitorio (regeneración personal), la cocina (alimentación material) y el estudio o despacho (carrera/éxito) son tan importantes como la sala de estar. No obstante, durante la fase yang (estado de vigilia) permanecemos la mayor parte de nuestro tiempo de ocio en la sala de estar. Ello tiene una serie de implicaciones, especialmente en la distribución de este centro donde se desarrolla nuestra vida privada.

En caso de que las posibilidades de la vivienda lo permitan, no debería habilitarse ninguna parte de la sala de estar como área de trabajo. Ello se encuentra relacionado con el hecho de que es preferible desconectar de sus compromisos, si ya existe una estancia propia destinada al trabajo en casa. Naturalmente, ello no es factible en todos los hogares. En este caso, al menos no deberá faltar una transición bien delimitada entre el área dedicada al ocio y la mesa de trabajo.

Si el ocio y el trabajo no quedan separados suficientemente, es fácil que se distraiga cuando desee concentrarse. A pesar de que crea que puede disociar los dos ambientes, la estancia actuará siempre como una especie de ancla espiritual sobre su inconsciente.

El área de trabajo puede separarse de la zona de estar mediante un tabique divisorio o un biombo. Al disponer uno de estos elementos, tenga en cuenta las dimensiones armónicas óptimas.

Al igual que se fomenta la «desconexión» en la sala de estar, en el estudio contiguo debe ser posible poder concentrarse. Elija un foco que concentre la energía chi en su lugar de trabajo.

Limite las impresiones ópticas de su campo de visión a un único símbolo. Éste podría corresponder a un cuadro abstracto. Este objeto atractivo restringe el flujo de pensamientos, pero estimula al mismo tiempo a través de sus colores. De esta forma, se reducen las posibilidades de distracción que podrían producirse debido al cuadro.

# El lugar más adecuado
# para su hijo

Según la tradición del feng shui, existe en términos generales una orientación que se relaciona con los niños. Esta dirección es el oeste, asociado al trigrama tui, que representa la energía creativa de una escena risueña, la alegría y la despreocupación.

Así, pues, el lado oeste suele ser el más apropiado para ubicar allí el cuarto de los niños, siempre que para ninguno de los hijos o los padres se trate de una orientación negativa según la configuración de las direcciones de cada uno. Al menos la sección orientada al oeste no deberá encontrarse entre las tres más desfavorables de los padres, ya que, según la tradición, estos segmentos corresponden a las áreas arquetípicas relacionadas con campos de influjo negativo para la descendencia.

Lo ideal es que la habitación de los niños esté situada en una sección propicia según las direcciones personales (*aliento vital*, *doctor celestial* o *vida longeva*). Por lo tanto, son varios los aspectos a considerar cuando elija el lugar más idóneo para el cuarto de los niños. Optimice la situación escogiendo el área menos desfavorable según los criterios citados.

Si su piso no es muy grande, es probable que deba conformarse con lo que tiene. Si no encuentra ninguna área apropiada para su hijo, al menos tres lugares de su habitación deberán encontrarse ocupados de forma positiva: la cama, el área de estudio y los *hobbies* creativos, así como el rincón de los juegos. La cama de su hijo debería estar orientada de tal forma que la cabecera mire hacia la dirección más propicia en su caso. No obstante, tenga en cuenta también que cuando su hijo esté en la cama nunca deberá tener los pies apuntando hacia la puerta de la habitación o una ventana.

La salud de su hijo se ve favorecida por la segunda sección más favorable del piso: el *doctor celestial* (tien yi, véase pág. 104). Esta área reviste especial importancia, sobre todo si su hijo está atravesando una larga enfermedad. En este caso, la cabecera de la cama se orientará en esta dirección. En la disposición del lugar de descanso deberán tenerse en cuenta, no obstante, otros aspectos fundamentales.

## Buenas noches, cariño...

La cama no debe ser atravesada por una línea imaginaria que vaya de la puerta a la ventana. Si se da esta circunstancia, coloque un móvil de campanillas en la ventana, a fin de bloquear la corriente de energía.

En ningún caso permita que su hijo duerma con los pies apuntando hacia la puerta o la ventana. Si la línea proyectada en línea recta a partir de los pies de su hijo acaba al lado de la puerta o la ventana, se tratará de una posición, por lo general, bastante aceptable.

Si quiere otro consejo relacionado con la orientación de la cama de su hijo, dispóngala de forma que la cabecera dé a la puerta.

Jes Lim propone esta última recomendación también en el caso de los adultos, debido a que en su opinión se puede desconectar mejor por las noches si se desvía la dirección ficticia de la mirada de la puerta de entrada. De esta forma, se consigue eliminar una parte del control subconsciente. A esta postura cabe objetar que, en la mayoría de los casos, los adultos, por su experiencia, ya se han habituado a tener las cosas bajo control y se hallan condicionados por una comprobación obligatoria de las diferentes circunstancias, de tal modo que requerirían un proceso de habituación para poder excluir el acceso a la habitación de la perspectiva de vigilancia. Esto también es válido en el caso de los niños hipernerviosos o tímidos.

Asimismo, también puede comentar con su hijo si por la noche alguna vez ha apartado conscientemente la cabeza de la puerta. Puede despertarle la curiosidad acerca de los sueños que podría tener en esta posición de la cama. La experimentación de nuevos hábitos debería practicarse paso a paso junto con su hijo.

Asegúrese, en última instancia, de que el niño no duerma con la cabeza orientada hacia una de sus peores direcciones.

También se recomienda disponer un biombo que proteja la cama de su hijo de la puerta. En la cara protectora del biombo puede fijar figuras divertidas de cartón (como la de Mickey Mouse o el pato Donald).

## Para pequeños estudiantes

Al igual que sucede con la cama, el lugar de trabajo de los hijos deberá orientarse en la dirección más favorable, es decir, la *sheng chi*, de forma que el niño mire exactamente hacia allí.

Su hijo reaccionará de forma positiva cuando compruebe que ya desde tan pequeño va a disponer de una mesa de trabajo propia, con un tablero de corcho, una estantería, un cubilete, una goma de borrar, un apoyo sobre el que escribir, un bloque de notas, una carpeta para los apuntes del colegio, fundas de plástico y compartimentos para ordenar y clasificar sus notas. En niños muy pequeños, en lugar del clásico tablero de corcho, se colocará, naturalmente, un tablero de metal en el que se fijarán dibujos o fotografías con imanes. Éstos pueden encontrarse en varios colores atractivos para los niños.

Una fuente de interior en esta área de la habitación propiciará la capacidad y la motivación para hacer los deberes escolares en niños mayores. Sin embargo, si su hijo presenta el elemento fuego, la fuente sería contraproducente. Y si fuera de la naturaleza del metal (en particular, en el trigrama personal), la fuente debería mantenerse alejada. De lo contrario, su hijo cedería energía al flujo de agua, ya que el metal sustenta al agua.

## La diversión

El rincón de los juegos debería estar situado en un área iluminada y agradable de la habitación de los niños. Un factor clave al decidir la disposición del cuarto de los niños según los principios del feng shui es que no deben existir flechas ocultas que señalen a su hijo. Por otro lado, para los niños puede resultar realmente muy pesado que, por ejemplo, se les esté advirtiendo una y otra vez de que no dirijan la punta de una caja de cartón hacia sí mismos o se estén recogiendo sus juguetes continuamente detrás de ellos. Se trata, sobre todo, de evitar las flechas ocultas en los objetos que se encuentran de forma más o menos permanente en la habitación de los niños. Si se concentra en este aspecto, ya no deberían producirse más problemas.

Una cuestión importante consiste en saber si existen juguetes con un feng shui favorable o menos favorable. Los dinosaurios de todas las formas parecen ser todavía muy populares entre los niños, incluso un par de años más tarde de la primera oleada de entusiasmo. Asegúrese de que los dinosaurios para sus hijos sean divertidos, tengan unos ojos grandes y transmitan una energía positiva.

Otras figuras de este tipo representan, en cambio, los instintos negativos heredados de los reptiles por el ser humano, que podrían animar al niño a desarrollar un carácter agresivo o una actitud de víctima. Así, pues, no olvide que todo juguete que tenga forma de figura puede absorber la energía física proyectada y reflejar una determinada energía.

Ahora bien, es cierto que los niños también necesitan sus demonios, presentes en muchos cuentos de hadas. Los adultos deberían dialogar con los pequeños acerca de su confrontación con estas energías, realizar un seguimiento de su desarrollo y proporcionarles la orientación adecuada. De esta forma, ayudará a que destierren algunos temores e instintos de agresividad de su ánimo. Y tal vez consiga enseñarle a su hijo que una bruja no sólo es mala, sino que también puede ser vulnerable y que sufre por ella y el mundo. Así, pues, ¿acaso no podríamos hacerle algún bien, de forma que pudiera tener pensamientos bondadosos?

Por otro lado, de estos muñecos el niño puede aprender a enfrentarse a lo negativo y a defenderse. ¿Dispone de un buen mago que mantenga en jaque a la bruja con un hechizo? ¿Y dónde puede guardar a la bruja, para que no inflija ningún mal?

Por lo general, los niños deben jugar con muñecos que transmitan una energía positiva. Evite las formas agresivas, las aristas y las puntas. Las formas redondeadas son, por lo general, más armoniosas que los aparatos y juguetes de perfiles rectos.

En relación con los muñecos «buenos» y «malos» también se encuentran los juegos bélicos. Apartar a sus hijos de esta modalidad puede ser difícil, especialmente si los pequeños acaban accediendo a armas, pistolas y carros de combate a través de compañeros de juegos. Si un niño desea vehemente jugar con soldados y armas, es importante realizar un seguimiento psicológico y persuadirle de que es más honesto negociar que someter al enemigo.

Negocie con el «adversario» tratados de paz que no deben romperse. Deje que su hijo realice antes «desfiles de tropas» que batallas con su ejército. Lo mismo puede decirse naturalmente de los «masters del universo» y otros juguetes bélicos de moda.

## Elementos de los niños

El equilibrio óptimo de los elementos entre los padres y sus hijos, así como entre ellos mismos, reviste también una especial importancia. En principio, es bueno que en la habitación de los niños haya el mayor número de colores posible, a fin de que se cubran y favorezcan distintos rasgos característicos.

En esta estancia debería predominar el color que sustente y proteja el elemento de su hijo en el ciclo creador (por ejemplo, rojo para el elemento tierra, azul para el elemento madera). El color asociado a su propio elemento también responde bien a sus necesidades emocionales y le proporciona un medio para un buen desarrollo.

Este aspecto invita al juego creativo con diferentes posibilidades, si tiene varios hijos y los colores no resultan del todo compatibles en el ciclo creador. Un ejemplo: el elemento personal de un niño es la madera, el de otro es la tierra. En consecuencia, el agua sustenta a la madera (color azul) y el fuego crea la tierra (rojo). Si bien estos dos colores combinados en la habitación podrían tener un efecto polarizante y estimulante, el azul, como símbolo de agua, apagará el rojo (el fuego) en una determinada concentración e intensidad.

Un color que no salta a la vista, sino que permanece en un segundo plano, puede contribuir a reprimir los conflictos entre los elementos. Si se dosifica adecuadamente, cada elemento del ciclo destructor o de control tendrá un moderado efecto regulador. Para conseguirlo, deberá tener algo de experiencia o tino en relación con la armonía de los elementos antes de experimentar, de forma que ya sepa lo que está haciendo.

En la mayoría de los casos, lo mejor es no recurrir al ciclo destructor tampoco en el cuarto de los niños. Finalmente deberá prestarse atención a los elementos perturbadores entre dos hijos o entre los padres y un hijo. Algunos consejos sencillos a este respecto: refuerce el elemento del niño que se vea atacado por el elemento de otro niño (o un adulto). Introduzca, por tanto, en la habitación de los niños el elemento que nutra al que se halla sometido o bien intensifique la presencia del color del elemento en el que su hijo se reencuentre.

# El dormitorio como ámbito para la regeneración y las relaciones

La orientación óptima de la puerta del dormitorio y la correcta ubicación de la cama –la cabecera debería apuntar a la dirección personal más favorable– son criterios fundamentales que no sólo aseguran el descanso reparador, sino que eventualmente también pueden favorecer la vida erótica.

La regeneración por el sueño significa también la reposición del flujo de energía propio y de la unión con las fuentes energéticas que actúan desde el exterior.

No es necesario que oriente su cama en la dirección sheng chi. Su segunda dirección más favorable (el *doctor celestial*) puede actuar positivamente, sobre todo en caso de salud delicada o crítica. Observe las siguientes reglas:

No duerma nunca con los pies apuntando directamente hacia la ventana, ya que la energía vital se escaparía literalmente por ella.

Bajo ningún concepto los pies deberán señalar al vano de la puerta.

Asegúrese de que no puede verse reflejado en un espejo desde la posición en que duerme. De lo contrario, la energía personal que le rebotaría durante el sueño podría transmitirle desasosiego. Según se dice poéticamente en la tradición china, el alma abandona al cuerpo de noche y podría estremecerse al ver repentinamente reflejada su imagen.

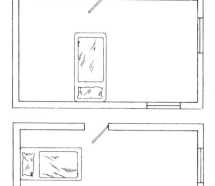

Asegúrese de que su cama nunca esté ubicada de modo que sus pies apunten directamente a la puerta.

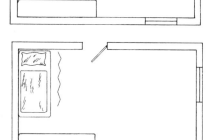

Tampoco deberá dormir con los pies señalando a una ventana.

Posición correcta: la cama se encuentra en un área tranquila de la estancia y se halla protegida con respecto a la puerta mediante un biombo.

En la medida de lo posible, las ventanas no deberán reflejarse en los espejos de los armarios, tan habituales en los dormitorios. Este principio cabe aplicarlo a los espejos en general. De no observarse, puede formarse una zona de perturbación de flujos de energía que entran y salen.

Duerma al menos a medio metro de enchufes y aparatos eléctricos.

Si su dormitorio tiene el techo en pendiente, la cama también debería estar situada a un metro y medio de la pared inclinada.

La cama no deberá estar situada en la línea que une la

puerta de la habitación y la ventana, ya que de esta forma se vería *cortada* energéticamente por el chi que fluye entre las dos aberturas. Si no se puede evitar esta disposición por razones de espacio, puede colgarse un móvil de campanillas delante de la ventana, a fin de que bloquee la *corriente de energía*.

No obstante, deberá ubicar el móvil de campanillas de modo que no quede suspendido por encima de la cabeza de la persona que ocupa la cama. De lo contrario, en lugar del móvil deberá colocar un pequeño espejo en la ventana que refleje en parte la energía hacia la puerta.

Para proteger la cama en relación con la puerta, también puede disponer un biombo entre ésta y la ventana. De esta forma, se consigue dormir mucho más tranquilamente.

En cuanto a la cuestión de si es mejor dormir con la cara mirando a la puerta o bien a otra parte, existen dos opiniones. Ambas posturas resultan beneficiosas según las circunstancias. En relación con este tema, debe considerarse lo siguiente: la puerta no sólo simboliza el flujo de energía que penetra en una estancia, sino que también representa los acontecimientos del día, la actividad exterior, así como el influjo ajeno que potencialmente puede afectar a una persona. Si duerme con la cara mirando hacia la puerta, tendrá bajo control esta delicada cuestión. Algunas personas pueden relajarse mucho mejor si pueden dominar la puerta desde la cama.

Ello probablemente tenga que ver con el hecho de que de esta forma puede distinguirse en seguida al enemigo en cuanto se aproxima al dormitorio o lugar de descanso. Por otra parte, se considera un objetivo de aprendizaje psicológico poder relajarse y ceder el control. Para afianzar la confianza en la pareja, podría ser muy positivo, por ejemplo, dormir en una posición desde la que no se vea la puerta. A tal efecto puede colocarse un biombo u otro elemento divisorio que proteja del flujo de energía que provenga de la puerta durante la noche.

Antes de que se decida definitivamente por dormir en un sentido u otro, estudie si se siente a gusto con la dirección que elija. Si durante varios días experimenta desazón, cambie la disposición de la cama. Y en caso de que esté aprendiendo a cómo controlar situaciones en el trabajo o en el ámbito privado, sería conveniente que durmiera de forma que la puerta se encuentre en su campo visual.

Sin embargo, si lo que desea es sentirse más relajado, pruebe ambas posibilidades. Descubrirá qué posición le es más favorable.

En última instancia, su indicador personal (trigrama individual) le puede proporcionar orientación para decidir la más ventajosa en su caso.

## Materiales para la cama

La cuestión de si las camas de estructura metálica y las de agua son convenientes o no continúa siendo hoy por hoy un tema controvertido.

Para la estructura de la cama, la madera es, en principio, el mejor material, especialmente debido a que no es conductora de la contaminación eléctrica, las corrientes de fugas de los muros o la carga de las moquetas.

Los ornamentos de metal en una cama de madera no son, por lo general, desfavorables, ya que regulan el influjo de la madera (incluso pueden resultar beneficiosos si el elemento de la persona es tierra). Algo similar sucede con el elemento agua. En este caso, su elemento chino se nutre del metal, presente de forma moderada. Si su propio elemento es la madera, se sentirá atraído por una cama de este material. No se aconseja una cama metálica en estos casos.

Las camas de agua son especialmente poco recomendables, si el elemento de una persona es el fuego (según el ciclo destructor) o el metal (ya que el agua se nutriría de éste). Un problema que plantean las camas de agua se halla relacionado con un axioma del feng shui, por el que sólo el agua en movimiento tiene propiedades que simbolizan vitalidad y prosperidad. El agua estancada, en realidad, representa el anquilosamiento, y el contenido de una cama de este tipo deja de encontrarse en movimiento cuando no hay nadie sobre ella.

Para las personas que no se decanten por las camas de madera o de estructura metálica y se hayan convencido de que las camas de agua tampoco son apropiadas en su caso, existe todavía otra alternativa. Aquellos cuyo elemento sea la madera se encontrarán a gusto en las camas revestidas de algún tejido. En este caso, no existe ningún material que les sustraiga energía, a excepción hecha del algodón 100 %. Por otra parte, se trata de materiales neutrales disponibles en los colores y estampados apropiados para cada elemento.

## Colores en los dormitorios

Dado que el dormitorio es la estancia más íntima de toda la casa, la composición de los colores presentes desempeña un papel importante. La elección de un determinado color dependerá del elemento que le corresponda y, básicamente, de sus preferencias. La mayoría de las recomendaciones relativas a los colores también pueden aplicarse al resto de estancias del piso o la casa.

El azul, por ejemplo, transmite calma y frío y resulta especialmente apropiado para personas con trastornos del sueño. No obstante, también se dan reacciones aparentemente paradójicas del inconsciente.

Mientras uno siga empeñado en ejercer control subconscientemente aun cuando esté durmiendo, por lo general, le resultará difícil conciliar el sueño. Lo primero que hará el inconsciente es defenderse de todos los influjos apaciguadores. Este proceso tiene lugar hasta que no se haya interiorizado el azul y se haya «decolorado emocionalmente».

A fin de procurar un efecto positivo sobre la calidad del sueño en caso de padecer continuamente de unos nervios irritados, la segunda sección del piso o la casa (*doctor celestial*) es óptima. Un azul suave le permitirá desarrollar su efecto beneficioso. Combínelo con un rosa vivo (por ejemplo, para fundas de cojines, colchas o cortinas), a fin de establecer un equilibrio, que también dé cabida al erotismo y realce los aspectos apacibles del azul.

Evite el azul si es fuego o metal. No obstante, si reúne estos elementos dos o tres veces en su persona, seguramente tendrán un efecto relajante en usted un cielo azul, una moqueta o una pared en este color.

Elija sobre todo este tono si su elemento es el agua o la madera. En ese caso, obtendrá más beneficios del azul, aun cuando esté durmiendo.

Según la ciencia de los centros energéticos del cuerpo, los denominados chakras, el verde es el color del corazón, independientemente de que este color represente la madera entre los elementos. El verde intensifica las relaciones emocionales y la fuerza de expresión intuitiva. Especialmente si el dormitorio se encuentra en la tercera sección más favorable de la casa, que, entre otras, representa las relaciones familiares, este color ejerce su buen influjo. Uno se siente impelido a abrir su corazón.

Asimismo, en la segunda orientación más propicia un dormitorio verde turquesa podría tener propiedades benignas. Una parte en tono azul es posible que transmita un sosiego que calme los temores emocionales, siempre que se dé una compatibilidad entre los elementos. Si le afectan estas cuestiones, debería llevar a cabo algunas pruebas antes de pintar, por ejemplo, una pared del dormitorio. Puede comenzar con las sábanas de la cama en el color escogido y comprobar los efectos que surte. ¿Qué le sugiere física y emocionalmente? En algunos casos deberá probarse el mismo color en otra tonalidad.

En principio, los tonos verdes muy intensos no deberán predominar en un dormitorio, ya que este color también está

relacionado con el crecimiento, el desarrollo y la fuerza vege-
tativa. En su expresión yang (tonos fuertes) tiende a estimular
al sistema nervioso simpático, responsable del movimiento; en
cambio, en su forma yin (por lo general, tonos verdes suaves
no muy claros y turquesa) ayuda al sistema nervioso parasimpático, que suele favorecer los estados de relajación en el
cuerpo.

El color verde resulta del todo desaconsejable para el dormitorio si su elemento personal es la tierra o el agua. Por el
contrario, es especialmente favorable si es fuego, y beneficioso si es madera.

## Erotismo en el dormitorio

No debemos olvidar que todo dormitorio también se encuentra relacionado con el amor y las expectativas que giran en torno a éste. También esta parcela de la vida puede verse favorecida por los colores.

Por lo general, el naranja –tal vez como color para el cu-
brecama– estimula la predisposición para las relaciones en las
personas e incluso las funciones sexuales. Dado que este color contiene una gran proporción de amarillo, el naranja es recomendable incluso para las personas que representen el metal y se vean debilitadas por los tonos rojos muy intensos.

Existen teóricos del color que sostienen que el naranja, si se
intensifica su presencia durante un período prolongado, podría
estimular la capacidad de experimentar el orgasmo. Es un color
revitalizante, caprichoso y que afecta positivamente a los centros
sexuales. Los tonos salmón actúan de forma muy similar.

El rojo se relaciona con los modelos eróticos tradicionales.
Es el color de la pasión y el poder. Representa una escala emocional que abarca desde el genio, la agresión, hasta el rubor
vergonzoso, aunque también hasta la ira, la osadía y la predisposición latente a la violencia.

Se dice que este color estimula el flujo de energía orgánico, ya que se asocia con la sangre. En su tonalidad burdeos, el rojo simboliza, sobre todo, lo establecido, el pragmatismo, la fuerza, algo tangible y la base de la vida. Por tanto, el burdeos es un color ideal para tener hijos y el crecimiento material. Cuanto más intensamente pasen los tonos a variantes marrones, en mayor medida se verá impregnada la naturaleza originaria del fuego por las energías de signo tierra.

Que los tonos marrones sean convenientes para el dormitorio es una cuestión que queda a la libre elección de cada uno. Este color tiende a estimular más bien el sentido práctico más prosaico. Y en el dormitorio, en realidad, no sólo se desea dormir.

El rosa no sólo es el color más romántico para el dormitorio, sino que también presenta una naturaleza que se encarga de que el sexo determinado por el ego pueda convertirse en más amor incondicional. Estas propiedades relativas al rosa van más allá de la relación de pareja. Transmite un mensaje colectivo que puede abarcar el amor a una planta o bien la filantropía. La predisposición para sentir cariño y proximidad hacia los demás es suscitada por el rosa. Una piedra idónea por sus características es el cuarzo rosa, que puede distribuirse por el dormitorio.

Por tanto, resulta inconsecuente –aun cuando esté tan de moda– combinar el rosa con el negro, el color de la delimitación –por naturaleza, algo apasionado, aunque no tanto como se pueda creer–. De forma provisional, puede resultar conveniente cuando, por ejemplo, se desee dar rienda suelta a fantasías del amor condicionadas por el ego (el negro representa aquí la renuncia), para acceder a una forma más plena y clara en la correspondencia de colores de la libido. Si se juega con las proporciones, esto puede determinarse en función de la apertura y la delimitación personal.

Debe irse con cuidado con el lila y el magenta. Estos colores presentan, entre otros, un carácter muy espiritual, casi sagrado. Entre los colores, se trata en este caso de un ámbito que va más allá de las cuestiones materiales y terrenales. El autor ha tenido ya alguna experiencia con estos colores. Era Navidad y en la decoración dominaba el magenta, el lila y de nuevo el magenta. Una servilleta lila más, y de repente todo el ambiente pareció una ceremonia funeraria. Al retirar uno de los objetos en este color, todo volvió a tener un aspecto festivo y armonioso. Así, pues, debe ser muy moderado con estos colores, que además son muy poderosos y pueden llegar a separarle espiritualmente de lo terrenal. Quien precisamente trate de afianzarse con los pies sobre la tierra, debería probar con el rojo, un color de signo tierra.

Tanto mediante los tonos como mediante los objetos apropiados que se asocian a los diferentes elementos, existe la posibilidad en el dormitorio de influir positivamente en la relación de pareja. Si su cónyuge y usted tienen elementos personales distintos, refuerce en el ciclo creador el elemento sometido tal vez por el de la pareja según el ciclo de control. Además, esto también constituye una buena idea cuando uno de los dos está atravesando una fase de aletargamiento sexual. Un color que apoye a su cónyuge en el ciclo creador o un objeto decorativo pueden influir positivamente en el plano erótico.

## Objetos en el dormitorio

Según el feng shui, no deben colocarse imágenes religiosas en el dormitorio. Este principio es válido para todos los objetos de carácter sagrado.

Por el contrario, una pantalla de lámpara sostenida por una figura de Buda suele ejercer un influjo positivo. A un ferviente budista que se escandalice ante este objeto se le puede plantear que esta imagen se trata de Buda como modelo a seguir para la perfección interior personal.

No obstante, tenga cuidado con los elementos de simbología sagrada de otras culturas, incluso del budismo, especialmente si desea colocarlos en el dormitorio. Estos objetos poseen en algunos casos una fuerza mental extraordinaria, vinculada con arquetipos poderosos o campos morfogenéticos. Muchas personas ignoran sencillamente lo que hacen al manejar estos símbolos. Incluso esculturas como la de Tutankamón o Nefertiti, jeroglíficos en imitaciones de papel de pergamino y otros objetos similares son problemáticos en un dormitorio. Ello se debe a que en la antigua civilización de los egipcios el culto a los muertos desempeñaba un papel fundamental, lo que es suficientemente ilustrativo. Aquellas personas que han colocado objetos de culto de otras tradiciones en lugares inapropiados han envejecido prematuramente o han sido presas de una melancolía aparentemente inexplicable.

Evite también los acuarios, las fuentes de interior y las fotografías o cuadros de cascadas en el dormitorio. De lo contrario, el chi se ve excesivamente estimulado en la estancia, con lo que resulta difícil relajarse, especialmente si se es sensible a estos elementos.

En cambio, los cuadros de paisajes al atardecer, los motivos eróticos, sobre todo con un fondo de vivos colores, como las fotografías de desnudos en blanco y negro, resultan idóneos para el dormitorio.

Los abanicos orientales con suaves paisajes o motivos florales también ejercen un efecto positivo, encargándose de que el chi no se quede estancado en la estancia. No obstante, no disponga un abanico grande sobre la cabecera de la cama, ya que, de lo contrario, «abanicaría» todo su chi en sentido figurado.

Los símbolos chinos dorados sobre rojo y en otras combinaciones de colores sugerentes suelen constituir buenos iconos de la suerte: el mejor feng shui. No obstante, pida a algún entendido que antes le descifre exactamente el símbolo y su significado.

# Consejos para la cocina

La ubicación de la cocina dentro de un hogar reviste suma importancia. Por lo general, no se considera favorable, por ejemplo, que el área donde se preparan las comidas esté situada junto al baño. Si, no obstante, éste fuera el caso, un móvil de campanillas suspendido en el pasillo entre ambas estancias podría sevir de ayuda para bloquear la energía.

También se considera poco conveniente que, al cocinar, la puerta se encuentre situada a la espalda. Si esto es inevitable debido a la distribución, debería colocarse un espejo no demasiado grande a la altura de la cabeza, a fin de poder ver bien la puerta.

Por lo demás, resulta muy beneficioso instalar un espejo a la altura de la encimera de cocción. En este caso, el espejo tiene un efecto especialmente positivo, duplicando, por así decirlo, los alimentos, el símbolo del bienestar.

La parte frontal del horno debería estar orientada hacia una de las direcciones que le sean favorables. Esto también es válido en relación con el lado del cable en el caso de los dispositivos eléctricos como placa de cocción rápida, tostadoras, etc., mientras estén enchufados a la toma de corriente. Si, por el contrario, trabaja en una orientación desfavorable, ello podría propiciar que se desencadenasen acontecimientos adversos. Así, pues, procure orientar favorablemente sus elementos de trabajo, a fin de atraer los sucesos de signo afortunado.

También es importante que la encimera de cocción y el fregadero no se encuentren en el mismo lateral de la cocina, ya que, de lo contrario, el fuego y el agua se hallarían confrontados, lo que sería perjudicial para la energía de los alimentos. Dado que esta situación se da en muchos hogares de los países occidentales, debería recurrirse a una solución elegante. Separe el fregadero de la encimera de cocción mediante un espejo de doble cara que tenga una altura suficiente como para tapar las cacerolas.

Aún un detalle: en caso de que tenga una despensa en una sección favorable que vaya más allá del sector de la cocina, debería colocar un móvil de campanillas a fin de delimitar la energía y evitar que los fogones «quemen» el chi positivo.

Finalmente, descubra cómo la cocina también tiene su propio carácter. Si, por ejemplo, es un apasionado de la gastronomía italiana, una buena idea sería colocar fotografías de la Toscana.

# Lugar de trabajo: una inyección para su carrera profesional

Si hasta ahora no pensaba así, a partir de hoy considerará su mesa de trabajo como el lugar más «sagrado». Sin duda, constituye la principal pieza de su despacho, no sólo para el contenido del trabajo, sino también para el avance en la carrera profesional. Cómo debe estar situada es un secreto en sí, basado en tres principios fundamentales.

Nunca la disponga de forma que la puerta le quede a la espalda. De lo contrario, una parte de su atención estará dirigida inconscientemente hacia atrás, ya que la energía penetra en la estancia a cada paso que dé cualquier persona que entre en el despacho y con cada corriente de aire que se cuele en él.

Se trata de instintos muy arraigados de protección del territorio: las personas que tengan una sensibilidad a este respecto suelen encontrarse incómodas cuando deben sentarse con la espalda a una puerta, especialmente en el despacho. Se tiene la sensación de que algo se cierne sobre el cogote desprotegido, que escapa a nuestro control. Aun cuando no sea consciente de ello, una puerta a la espalda resulta incómoda.

Evite también sentarse muy cerca de una ventana o tenerla directamente a la espalda. Se dice que en los países asiáticos a los empleados de los que la empresa desea deshacerse se les asigna un lugar de trabajo junto a una ventana. En la mayoría de ocasiones, la distribución no permite otra opción que

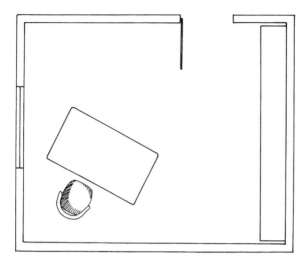

*Es conveniente poder ver la puerta desde la mesa de trabajo. También es favorable no tener una ventana a la espalda.*

colocar la mesa de esta forma. No obstante, también para esta circunstancia existen remedios.

Coloque plantas en la ventana como protección o bien cuelgue un móvil de campanillas frente a ésta. Esto también es oportuno cuando la mesa de trabajo se encuentre en una línea que una la puerta de entrada y la ventana. En ese caso, se encontraría en medio de una corriente de energía que le estaría atravesando. También cabe la posibilidad de colocar en la puerta o la ventana adhesivos de simbolismo positivo como el *smily* u otros similares.

Si en la oficina le han asignado un lugar de trabajo en el que tiene una puerta a sus espaldas, colóquese un pequeño espejo en la mesa con el que pueda ver lo que ocurre detrás de usted, como si se tratara de los retrovisores de un coche. No obstante, no deberá ser tan grande como para que pueda reflejar la energía que entra por la puerta. En un marco o una forma octogonal, resulta especialmente beneficioso.

Finalmente, una buena opción para proteger la mesa de trabajo la ofrece un tabique divisorio, un biombo o una estantería (con una altura mínima como para que tape la cabeza de la persona sentada) que resguarde hacia atrás.

## La mesa de trabajo y la puerta

Si es usted mismo quien decide la posición de su mesa de trabajo, oriéntela hacia su dirección óptima, es decir, de forma que mire hacia su dirección sheng chi. Procure también sentarse lo más lejos posible de la puerta de entrada; si le es posible, de forma que la mesa de trabajo quede alineada en diagonal con aquélla. Ésta es la posición del máximo control posible, la «disposición del jefe». Por lo general, los superiores no deberán sentarse más cerca de la puerta que sus empleados; de lo contrario, es posible que le arrebaten el puesto o que, a la larga, se produzcan problemas de autoridad, que van minando su ánimo.

Así, también se considera que una persona que se encuentre sentada junto a la entrada fijará constantemente su atención en la puerta. Esta persona tampoco puede concentrarse bien y, con frecuencia, se le van los pensamientos a cosas que suceden fuera de la oficina y se siente atraída hacia el exterior.

Si ocupa un cargo directivo en una gran oficina o en un banco, el propio puesto de trabajo debería estar situado con respecto a la puerta de entrada detrás de los puestos de trabajo de los empleados, de forma que se encuentren al igual que la puerta en su campo visual. De este modo, se puede controlar óptimamente toda la situación.

Sarah Rossbach describe los efectos que puede tener una disposición favorable de la mesa de trabajo. Para ello, refiere el caso de una empleada en una empresa a la que hacía tiempo no aumentaban el sueldo. Se le aconsejó apartar la mesa de trabajo de la pared, de modo que pudiera ver la puerta. Al cabo de unos días, experimentó «un cambio positivo» y en el plazo de un mes recibió un aumento de sueldo.

## Crear la atmósfera para la promoción

Además de la posición de la mesa de trabajo, existe otro punto de vista que tiene una importancia decisiva para la realización creativa en casa o para la carrera profesional.

Rodéese de símbolos y fotografías con motivos que transmitan optimismo.

Así, por ejemplo, puede buscar un *smily* en forma de globo, soplarlo y colocarlo en algún lugar como elemento decorativo. Pruebas de la actividad muscular han demostrado una y otra vez que la sonrisa esbozada en este icono estimula la energía vital de una persona. Y precisamente en el lugar de trabajo esto tiene una importancia capital.

Puede atraer energía adicional colocando instrumentos de viento en la pared de su despacho. Dispóngalos en la denominada posición bagua, según la cual se sitúan formando una V invertida y abierta. Para ello, puede utilizarse toda clase de flautas, aunque para su sujeción no deberán emplearse clavos ni deberán dañarse los instrumentos de modo alguno.

Dos trompetas pueden parecer más modernas y, por otro lado, simbolizan más poder. Aun así, los instrumentos deberán ir acorde con las dimensiones de la estancia. Así, para un despacho pequeño se adecuarían las flautas o los clarinetes, mientras que las trompetas resultarían demasiado grandes. En dichas condiciones estos últimos instrumentos provocarían ansiedad e irritabilidad en lugar de los efectos energéticos perseguidos.

Algunos símbolos relacionados con la propia profesión favorecen el flujo de ideas y se encargan de que se cree una «conexión eléctrica» con las personas que pueden ser importantes para la carrera o el desarrollo de los negocios de una persona. En una profesión técnica estos símbolos podrían corresponder a motivos gráficos.

Para los empleados de una empresa financiera, la fotografía de una plaza bursátil con un ambiente bullicioso podría ser

*Los cristales filtran la irradiación electrónica.*

lo idóneo. Si le es posible, averigüe si la instantánea fue tomada durante una jornada en la que la bolsa subió o bien si se registraron pérdidas. En este último caso, el motivo podría tener una irradiación desfavorable. Pueden aplicarse unas consideraciones similares en el caso de cualquier otro motivo fotográfico. De este modo, no deberán dejarse de tener en cuenta el ánimo de las personas plasmadas en la imagen, ni siquiera el tiempo que hacía en ese momento.

Si, no obstante, no puede averiguar todas estas cuestiones, déjese guiar por lo que le sugiera emocionalmente el motivo de una fotografía, independientemente de lo que se refleje en ella. Analice lo que siente físicamente al observarla durante un minuto: ¿percibe energía o se siente enflaquecer de las rodillas? Con esta respuesta sabrá si se siente atraído hacia dicha reproducción.

Por lo general, en el trabajo también resultan favorables las fotografías de cataratas o de olas de mar con un sol radiante. Una fuente de interior próxima al lugar de trabajo también constituye un elemento decorativo positivo, al igual que un acuario.

Sin embargo, todos estos objetos serán propicios mientras su elemento personal no sea el fuego, ya que, de ser así, el agua le controlaría o incluso le podría afectar negativamente. En ese caso, deberá mantener una distancia prudencial respecto a estos estímulos o bien prescindir de ellos totalmente si advierte que es extremadamente sensible a los mismos.

De todos modos, en la mayoría de los casos deberá introducirse una presencia moderada de estos símbolos de agua, debido a que el flujo energético personal puede verse estimulado positivamente en exceso.

## El entorno de la oficina

La posición del despacho relativa al resto de salas de su entorno no merece una atención menor. Del mismo modo que resulta desfavorable vivir al final de un callejón sin salida o en el punto de intersección de un cruce en forma de T, sucede algo similar en el interior de una oficina.

Si su propio despacho, por ejemplo, se encuentra situado al final de un largo pasillo que conduce a la puerta de entrada de la oficina, en ese caso se hallará sometido al influjo de una corriente de energía frontal. Si son muchas las personas que transitan por aquí, es probable que sufra de estrés.

Por esta razón, en algunos casos es conveniente orientar un ventilador en dirección a la entrada. Este aparato, debido a su forma, es capaz de imprimir un movimiento en espiral a la energía procedente del pasillo. Escoja únicamente un ventilador cromado o en color blanco. En ningún caso deberá ser negro, ya que este color suscita demasiadas asociaciones desfavorables. En la medida de lo posible, también se evitarán las mesas y los armarios de color negro, ya que un entorno de trabajo de este tipo absorbe demasiada energía. En cambio, la madera en blanco, burdeos, color natural o un gris claro actúa de forma positiva o neutra.

*Clínica Inntal en Simbach, construida según los criterios del feng shui.*

# Oasis de descanso

## Jardín armonioso

Al observar jardines zen, hay algo apacible, tranquilo y mágico que llama la atención en ellos: caminos de gravilla blanca,
superficies circulares de arena limpia en las que se adivina la
huella del rastrillo, casitas de té en miniatura, leones de jade,
estatuas de Buda, estanques con nenúfares, cerezos...
    También usted puede crear un mundo parecido. Es cierto
que si desea dar un toque oriental a su jardín la mayoría de las
veces ello depende de sus posibilidades económicas. No obstante, muchas personas ya disponen en sus jardines luces y caminos de gravilla que dibujan suaves curvas. Evite los caminos
rectos.

■ Un estanque con nenúfares en el jardín elevará el nivel de
  energía de su casa y finca. Asegúrese, no obstante, de que el
  agua se encuentra en una dirección favorable en su caso
  (visto desde el centro de la casa).
■ Compre una bomba para que el agua salga a borbotones, ya
  que ningún estanque sería peor que el agua estancada, lo que
  simboliza la parálisis.
■ Puede obtener un efecto de energía vital especialmente intenso si tiene la posibilidad de instalar dos estanques con un

*Un huevo en el jardín siempre constituye un símbolo benévolo.*

cierto desnivel, en los que el agua fluya constantemente del depósito superior al inferior. Existen varias posibilidades para construir con piedras las paredes de estas pilas. De esta forma, se evitará que el agua se filtre en el suelo. Infórmese en un establecimiento especializado sobre cómo puede conseguirlo.

■ Si desea ubicar un pequeño puente, éste debería estar orientado hacia uno de los puntos cardinales que le sean favorables, por ejemplo hacia un camino que parta desde la casa en una de las direcciones que sean positivas en su caso. No deje que el puente acabe en ningún sitio, puesto que esto ya tiene de por sí un lenguaje simbólico propio. Por el contrario, resulta positivo que desde el puente arranque un camino que conduzca a un círculo de arena rastrillado y rodeado de arbustos, un parterre especialmente bonito o sus columpios idílicos.

■ Asegúrese de que el agua se mantenga limpia. En la actualidad ya existe un procedimiento de depuración muy eficaz basado en la ionización.

■ Un factor muy importante en todo jardín lo constituye la distribución en el espacio de los elementos. Lo ideal es poder reproducir el paisaje arquetípico, en el que la casa representa la formación de la tortuga. A la derecha debería haber un árbol de cierta altura o bien un bosquecillo que simbolicen al dragón; a la izquierda, un árbol más bajo o arbustos –el lado del tigre–, y enfrente, una superficie de césped abierta que constituya el ave fénix.

## Dimensiones ante la puerta

Es fundamental que delante de una casa haya un jardín lo suficientemente grande. Donde no se den estas condiciones, podría tenerse la sensación de que entran en casa todos los influjos externos y uno está desprovisto de la protección necesaria. Algo así sucede tras una ampliación de las vías de circulación, en especial cuando se ha ensanchado una carretera principal. En este caso es importante protegerse mediante una pérgola elevada o un seto.

Si su jardín tiene una forma triangular, debería reforzar los tres rincones mediante una abundante vegetación, de modo que ópticamente se obtenga con el césped y los parterres una forma oblonga.

## Ornamentos para el exterior

En la actualidad existe una gran variedad de figuras sugerentes para el jardín, entre las cuales algunas se inspiran en las antiguas civilizaciones. En algunos casos se trata de representaciones de divinidades de lugares de culto. Por esta razón, siempre resulta aconsejable preguntar en el momento de la compra qué se está llevando a casa. Es probable que no todo el mundo pueda tolerar, por ejemplo, a Marte, el dios de la guerra. En algunos establecimientos es posible que le den una información aproximada sobre lo que representan estos símbolos.

- Preste atención a la sensación que irradien estas figuras, así como a los mensajes que transmitan. Éstos deberán ser, en principio, positivos. Por esta razón, las esculturas no deberán mostrar rostros de expresión desagradable, ni ser gnomos mutilados.
- Tenga en cuenta también estos criterios al elegir velas de fantasía, que últimamente se pueden encontrar de loza.

## Elementos en el jardín

También en su terraza o jardín puede jugar con los elementos del feng shui. He aquí algunas ideas para la ambientación al aire libre:

**Fuego:** Chimeneas exteriores, antorchas, farolas, barbacoas, tejados de muros acabados en punta, baldosas de tono rojizo, plantas de flores que vayan del rosa, el rojo hasta el rojo violeta, pinos y abetos (forma puntiaguda). Asimismo, la madera de todas las coníferas presenta una naturaleza ígnea, precisamente debido a la forma de sus agujas.

**Tierra:** Vasijas de barro grandes, jarrones de arcilla, ánforas, piedras naturales, caminos de gravilla, arena rastrillada, terrazas, jardines de rocas, piedras decorativas, muros de cubierta plana o siquiera sin cubierta, setos rectangulares en bloques. Atención: las baldosas suelen ser de tono rojizo y, por tanto, tienen además en ese caso un componente de fuego.

*Las esculturas feng shui
poseen cualidades
de los elementos.*

**Metal:** Bolas decorativas, muros redondeados por su parte superior, formaciones circulares de piedras en el suelo (además del componente tierra que presentan), pequeños quioscos rematados con una cúpula, plantas de hojas redondeadas y árboles de copa frondosa.

**Agua:** Estanques, biótopos húmedos, pequeños arroyos, vegetación de forma irregular, ondulaciones del terreno y plantas de flores de color azul, azulado o azul violeta. Los juncos y las cañas de bambú suscitan asociaciones inconscientes con el agua, debido a que se espera la presencia de humedad en su entorno.

**Madera:** Vallas, cobertizos, casitas para pájaros, mesas y sillas de jardín (siempre que no sean de plástico), toda clase de árboles, arbustos, maleza, flores y césped, así como el carácter leñoso de álamos y otras especies de árboles.

En la configuración de los elementos en el jardín, lo ideal es que favorezca su elemento personal en el ciclo creador, además de reforzar su presencia. Lo mismo cabe considerar en relación con los elementos de sus familiares. Además, aquí tiene la oportunidad de disponer plantas y objetos de ornamentación del jardín en sus direcciones propicias, con lo que favorecerá sus cualidades específicas. Y en las direcciones desfavorables para usted y los suyos puede limitar las propiedades de los elementos agresores mediante el empleo de elementos represores, de forma similar a como sucede en la vivienda, sólo que en el exterior no hace falta trazar un plano diferenciando entre segmentos.

## Propiedades de las plantas

También puede conseguir establecer un buen feng shui en el jardín mediante la cuidadosa elección de plantas y árboles, con los que se asocia un carácter muy específico. A continuación, algunos ejemplos:

**Abedul:** En su libro *Baumheilkunde* (*La curación por los árboles*), Strassmann expone que el abedul se considera en algunos países un medio de protección ante las fuerzas demoníacas. Tal vez ello tenga algo que ver con que la corteza de tonos claros transmite una sensación de ligereza y optimismo. Este árbol favorece la jovialidad, la relajación y la flexibilidad.

**Arce:** Sus hojas acabadas en punta son las responsables de que este árbol presente algunas características del elemento fuego. Su proximidad se asocia con una cierta acción armonizadora en caso de estrés. Favorece la actitud generosa.

**Arraclán:** Su influjo propicia la apertura emocional. Valioso desde el punto de vista ecológico, ya que atrae a una gran variedad de especies de mariposas.

**Avellano:** Representa el principio del deseo. Por esta razón, a este arbusto se le atribuye una electricidad erótica.

**Boj:** Al parecer, refuerza la capacidad de delimitación de las personas y transmite paz.

**Castaño:** El castaño de Indias permite reforzar los nervios, si se va al encuentro del árbol y se descansa bajo su copa.

**Cerezo:** Un símbolo de la primavera que transmite optimismo.

**Ciruelo:** Representa la belleza y la juventud.

**Espino amarillo:** Fomenta el equilibrio y la austeridad. Su contemplación permite afrontar mejor el estrés.

**Haya:** Ejerce un influjo más bien intenso, favoreciendo la concentración.

**Manzano:** En todas las culturas este árbol es el símbolo del erotismo y la fuerza vital. Se asocia con el amor y la capacidad de relación. El fitoterapeuta René A. Strassmann cree que algunos fumadores podrían beneficiarse de las manzanas. Ello tiene que ver con el hecho de que esta fruta representa el símbolo de la fertilidad femenina, y, en cambio, el cigarrillo, la expresión de la sociedad competitiva creada a la medida del hombre (con todo lo que ello conlleva). Cuanto mayor sea la frecuencia con que las personas coman manzanas, tanto antes remitiría la apetencia por el tabaco. El influjo de este árbol sugiere mentalmente alegría, que también representa la juven-

tud. Por lo demás, constituye una buena costumbre al reco-
lectar los frutos dejar la última manzana en el árbol en señal
de agradecimiento.

**Nogal:** Permite centrarse. Los pliegues de la nuez recuerdan a los del cerebro; por ello, a este árbol se le atribuye un
efecto positivo sobre la capacidad de concentración.

**Peonía:** Según Evelyn Lip, esta flor guarda relación con el
bienestar.

**Peral:** Posee propiedades que favorecen mentalmente centrarse y reunir fuerzas.

**Pino:** Símbolo de la longevidad y la sobriedad.

**Tejo:** ¡Atención! El tejo se considera el «árbol de los muertos». Suele plantarse en los cementerios.

## El balcón, un lugar lleno de experiencias

Esta parte de la vivienda, un área destinada para reponerse y
relajarse, puede convertirse en mucho más de lo que es ahora
para muchos. Con frecuencia se asemeja más a un cuarto trastero al aire libre que a otra cosa. No obstante, todos debería-
mos descubrir sus posibilidades como un ámbito para las experiencias.

- En un balcón grande, coloque jarrones de loza. Si usted o sus
  familiares pertenecen al elemento agua, estas vasijas deberán
  tener formas redondeadas, a fin de que presenten componentes de metal que favorezcan su elemento y no lo ataquen.
- Elija una marquesina en un color que realce su elemento.
  Las rayas se asocian con la simbología de la madera.

■ La iluminación mediante velas inextinguibles y farolas atrae más chi al balcón. No obstante, si su elemento es la madera o el metal, deberá prestarse atención al volumen, de forma que no resulte contraproducente.

■ Elija plantas que por la forma de sus hojas y el color de sus flores favorezcan su elemento personal o se identifiquen con él.

■ Disfrute de los beneficios de un candil para esencias que correspondan a su elemento.

■ En la medida de lo posible, no instale una antena parabólica en un balcón que desee utilizar.

■ Si el balcón se encuentra ubicado en una sección de la vivienda muy desfavorable en su caso, procure ir lo menos posible.


## Los acuarios, fuentes de energía

Los acuarios atraen una mayor energía vital en las estancias en que se encuentran. No obstante, deberán descartarse las formas redondeadas, ya que los peces sufren como consecuencia de éstas.

■ Los acuarios hexagonales u octogonales, situados sobre un zócalo, son especialmente beneficiosos.

■ Los peces dorados, en especial, atraen la fortuna. Simbolizan el bienestar y la prosperidad.

■ No introduzca peces negros en el acuario.

■ Ríjase por las propiedades de su elemento para elegir las plantas (forma de las hojas), la cantidad de piedras, el color y la forma de los peces de su acuario.

■ Asegúrese de que el agua del acuario nunca esté turbia. Limpie el acuario con regularidad y retire las algas que puedan haberse reproducido en su interior.

## Cuatro paredes, ideal para solteros

Los pisos ocupados por una sola persona suelen ser, por lo general, más pequeños que las viviendas que alojan a familias. Como consecuencia, todo se desarrolla en un espacio mucho más reducido. Ello significa que debería haber un feng shui de las vías más cortas.

- Le bloquea el hecho de tener que dar vueltas por la vivienda tras diferentes objetos hasta poder solucionar algo. En un caso extremo no llega ni a alcanzar un asa, porque precisamente la tabla de planchar se encuentra delante del armario o la estantería.
- Es posible que a otro nivel de la vida también tienda a la negligencia. Se le acumulan las oportunidades desperdiciadas, que posteriormente lamenta no haber aprovechado. Y estas circunstancias siempre se deben a detalles insignificantes en apariencia: una solicitud enviada tres días después de haber transcurrido el plazo indicado, la instancia que no se ha presentado a las autoridades o la fiesta a la que se ha dejado de ir y en la que se hubiera podido conocer a personas importantes. Pero, para ello, hubiera sido necesario encontrar para aquélla una persona que hiciera de *babysitter* a su perro. Así que, ¡otra vez a dejar pasar la oportunidad!
- Los caminos largos en la vivienda para alcanzar un objeto son un indicio de que también fuera se necesita seguir largos procedimientos para conseguir algo. Los caminos cortos favorecen el pensamiento rápido, una capacidad de respuesta y acción ágil.
- Las cuestiones que le absorben energía pueden costarle caro: ponga orden en su casa allí donde haga falta. Muchos de ustedes conocerán esta situación: está buscando algo en concreto con el mismo entusiasmo con el que el investigador anhela descubrir un tesoro azteca olvidado; sin embargo, en su caso se trata de un par de documentos triviales,

pero que necesita para hacer una llamada telefónica urgente.

■ En algún momento incluso el más incansable acaba perdiendo las fuerzas y deja para otro momento la consecución de la búsqueda de esta importante documentación. El cuerpo ha aprendido con esta experiencia que también existe la posibilidad de que la energía experimente un bajón. Y ya en la siguiente situación, que tal vez sea mucho más importante que la anterior, se resiente del esfuerzo y la aborda con mucho menos ímpetu.

■ En estos instantes puede sentir una gran ira en relación con los rincones sin ordenar, ya que en el ámbito doméstico son como agujeros negros en los que desaparece la energía. El único remedio pasa por atajar la cuestión desde la raíz, es decir, obligarse continuamente a colocar cualquier objeto que se encuentre por en medio en su sitio, ya sea en un cajón o en el «archivo de la papelera».

■ Existen pocas cosas que tengan un efecto tan reconfortante en el ánimo de una persona como una mesa de trabajo despejada y ordenada. Las acumulaciones de papel se logran evitar si se renuncia definitivamente a acapararlo todo ávidamente. Y es que, para qué ocultarlo, nunca llegará a archivar los artículos de sus colecciones incompletas de revistas, aun cuando se lo haya propuesto firmemente. Sin embargo, deja que se apilen los ejemplares, ocupen espacio y requieran su atención y energía. Así que, ¡líbrese de ellos!

# Ambientes y decoración

## Ambientes con un cierto aire

- Otro tema importante para los jóvenes solteros es el de la hospitalidad, que les permite profundizar en sus relaciones. Al menos durante el fin de semana apetece disponer de posibilidad de tener invitados aun a altas horas de la noche. Una vajilla de diferentes colores, vasos divertidos, tazas que se convierten en materia de discusión y otros muchos detalles más atraen a los invitados.

- Neones de colores, pósters con puntos de iluminación integrados, velas de formas curiosas, cadenas de focos y otros objetos confieren a la vivienda un ambiente festivo permanente. Atraídos por estos elementos, los amigos se animan a frecuentar este piso, que se llena de vida.

- La autora Sarah Rossbach señala que el albaricoque es uno de los colores que favorece en mayor medida la capacidad para establecer contactos. Si, por un lado, puede romper parejas, a los solteros puede propiciarles una variada vida amorosa.

- Probablemente las películas de Hollywood le hayan preparado el camino; de lo contario, no se entiende cómo un bar doméstico elegante adquiere una forma propia de carisma, que precisamente llama la atención entre los jóvenes solteros. Pero reflexionemos por un momento: toda gota de alcohol no sólo tiene un efecto conocido en la cabeza y el estómago cuando lo tomamos en exceso. Las botellas también ejercen una determinada forma de irradiación, canalizando la atmósfera de la vivienda hacia una polarización yin y yang, que tiene un carácter más bien amortiguador. Por esta razón, no deje muchas botellas a la vista en el carrito del bar. Los armarios empotrados suelen tener compartimentos ideales para guardar en ellos las botellas hasta el próximo acontecimiento festivo.

- Elija una vajilla de té o café sugerente. No olvide contar también con un calentador de té y los accesorios que suelen acompañar a la ceremonia. La seducción que resulta de todo este ritual facilita un tipo de comunicación mucho más sugerente que si sólo hay botellas de cerveza, vino o licores sobre la mesa. Por un lado, las conversaciones resultan más fáciles de llevar y, por otro, se tocan temas más delicados y profundos cuando se toma té en grupo.

## La ropa hace a los elementos

Ya lo debe haber adivinado. El principio feng shui no sólo puede aplicarse al ámbito de la indumentaria, sino que también puede extrapolarse a otras áreas de forma lógica a partir de aquí. En concreto, se trata principalmente del tratamiento de los elementos que, en este caso, se amplía en una dimensión a través de lo que se lleve en cuestión de colores y de tejidos (así como estampados).

- Lleve ropa en aquellos tonos que favorezcan el elemento de su trigrama personal y/o el elemento específico de su año de nacimiento. De esta forma, obtendrá una nueva inyección de energía a diario.
- El color de su propio elemento también actúa positivamen-

te en usted. Así, debería ser la tonalidad que prefiera para la ropa, en caso de que todavía no lo fuera.

■ Procure que el color de sus accesorios –el bolso de mano o el chal de seda en el caso de las mujeres y el pañuelo para el traje en el de los hombres– también corresponda a uno de sus elementos o se encuentre en una relación sustentadora respecto a éstos en el ciclo creador.

■ Si va a entrevistarse con personas importantes, trate de averiguar cuándo nacieron y tenga en cuenta estos datos a la hora de elegir la ropa para esta ocasión. En otras palabras: evite llevar en un encuentro colores que agredan al elemento de su interlocutor.

■ En las negociaciones no refuerce gratuitamente la posición de su adversario eligiendo un color que sustente su elemento. En cambio, optar por el color del elemento de su contrincante refleja sus propiedades naturales, favoreciendo el contacto personal. Si se encuentra en una posición débil, elija una tonalidad que nutra a alguno de sus elementos, especialmente cuando no pueda descubrir la fecha de nacimiento de su interlocutor. En este caso, será favorecido en su energía e irradiación.

■ En una entrevista personal un color también puede actuar como conciliador si es positivo en dos facetas, por ejemplo si en una de las personas representa el propio elemento y en la otra tiene un efecto sustentador.

■ En ocasiones también puede resultar conveniente escoger un elemento del ciclo de control para la ropa en reuniones o entrevistas, especialmente si el contrario tiene la intención de vencerlo o bien no es fácil de dominar.

Dado que, por lo general, lo que interesa es llegar a un consenso, resulta aconsejable escoger una correspondencia en su *forma pequeña* del ciclo destructor. Si, por ejemplo, su adversario es tierra, escoja un tono verde suave –casi pastel–, que correspondería a la *madera pequeña* en el caso de *sun*, sureste.

Proceda de modo similar si se produce una caída de tensión en la que no exista una forma pequeña. Esto sucede, como ya se ha mencionado anteriormente, con *li* = fuego y *kan* = agua, para los que sólo existe una forma y ninguna distinción entre *pequeño* y *grande*. En este caso tiene la posibilidad de llevar a cabo un énfasis cuantitativo, poniendo de manifiesto discretamente el elemento agresor (a través de los topos del traje en la mujer en el color correspondiente y, en el hombre, a través de los cuadrados de la americana).

Asimismo, dispone de otras posibilidades para jugar creativamente con los elementos de su ropa si incorpora diferentes estilos y estampados.

Preste atención a la forma del cuello. Si acaba en punta, éste representará el fuego; si presenta una forma redondeada, será metal, y si se trata de un cuello alto liso, encarnará a la tierra. Las corbatas pueden simbolizar todos los elementos posibles, al igual que los pañuelos.

Los estampados florales siempre constituyen una alusión a la madera, ya se trate de un dibujo de flores o de cañas de bambú, rosas representadas de forma naturalista en un vestido o impresiones que representan motivos florales en un sentido más bien figurado.

Las mujeres, además, deberán prestar atención a la forma de su bolso. Si éste es plano y presenta esquinas en ángulo recto, representará la tierra; si es de formas redondeadas, por lo general, será metal. Las formas irregulares, en cambio, se asocian, por lo general, con el agua.

Tanto en hombres como en mujeres cabe tener en cuenta que los maletines portafolios constituyen un principio decisivo del feng shui para la carrera profesional. El color negro subraya la apariencia fría, que suele ir acompañada de un fuerte convencimiento de la delimitación de su cargo. Los portafolios de color gris son discretos, mientras que los tonos burdeos y marrones presentan un componente de tierra (y una pequeña proporción de fuego), por lo que transmiten color y vida.

# Empleo de anclas de sonidos y de aromas en las estancias

Las señales de los cinco sentidos codifican cómo el cerebro configura nuestro modelo individual de la realidad. En la vivienda y en la oficina se suelen considerar las dimensiones visuales y a lo sumo también la sensación que estimulan las impresiones simbólicas. No obstante, también el sonido y las fragancias, así como los sabores en algunos casos (como en los restaurantes), pueden influir en la percepción de un espacio. Es más: a través de la disposición global de las impresiones, una estancia refleja a su vez el estado de ánimo de la persona.

Así, pues, el campo visual no es el único a considerar: en la jerga de los psicólogos ya se utiliza el término «campo sonoro», con el que se designa el trasfondo de ruido que existe energéticamente en torno a una persona en una determinada situación. Este concepto también comprende la resonancia que permanece tras haberse pronunciado palabras, cesado melodías o extinguido ruidos; al mismo tiempo se crea un espacio de vibraciones, la resonancia en uno mismo y su entorno.

En este sentido, la música puede alterar la naturaleza de las estancias de forma duradera. Gracias a los estímulos acústicos que dejan huella, la sala adquiere una atmósfera que va impregnando paredes y muebles.

Tocar el tambor confiere una gran energía a las estancias, en las que se acumulará durante mucho tiempo. Los sonidos rítmicos dejan mensajes que ayudan a afrontar con optimismo las experiencias y los ciclos de la vida. Y los grandes instrumentos de viento suelen tener un efecto estimulante que persiste en el entorno.

El tango y la salsa dejan tras de sí una atmósfera sonora erótica en las salas, si bien el tango también puede tener tintes nostálgicos.

El jazz proporciona un fluido intelectual, en ocasiones una especie de guión sonoro, que difícilmente puede clasificarse bajo una determinada categoría.

No en vano se sirve la Biblia de la metáfora de las trompetas que derribaron las murallas de Jericó. Ello significa que los sonidos disonantes, las melodías no armónicas, dejan un patrón de perturbación que divide la naturaleza de la estancia.

Esto también es válido en el caso de las palabras: purifique energéticamente las diferentes estancias si en la televisión acaban de dar noticias negativas sobre el éter o si al hacer *zapping* se ha detenido en un canal en el que se estaba emitiendo una película de gritos, imprecaciones, llantos, contenidos de terror o explosiones. Durante algunas noches se podría cambiar de canal en canal y, aun así, es probable que de todas las emisiones se desprenda un mismo mensaje de violencia, criminalidad y desesperación.

En algunos casos, basta con abrir las ventanas. Otra posibilidad consiste en encender todos los elementos de iluminación y purificar la estancia gracias al incremento del chi. No obstante, en ocasiones también es conveniente poner música positiva, como la barroca, y escucharla a través de altavoces. Este tipo de música probablemente también favorezca en un entorno un buen clima de aprendizaje, puesto que se utiliza en la sugestopedia, una disciplina que ayuda a asimilar datos de forma intensiva.

Asimismo, un gran número de composiciones para piano también tienen efectos de purificación energética y, en especial, la música de meditación.

Ya conoce otro método de depuración energética del ambiente: dispersar el humo de salvia quemada por la estancia. Para ello, se utiliza un ancla de fragancias muy intensa sobre el inconsciente, que estimula un área del cerebro específica mediante un aroma, en este caso de tipo tierra. Por lo general, los estímulos aromáticos actúan sobre el sistema nervioso simpático y el sistema nervioso parasimpático en el cerebro a través del sistema límbico, el responsable de los procesos emocionales. Determinadas fragancias, como la de la rosa, estimulan en mayor medida el hemisferio cerebral derecho, mientras que otros aromas, como el del limón, activan con mayor intensidad el hemisferio cerebral izquierdo.

De esta forma, se ponen en marcha procesos bioeléctricos que afectan a la percepción del espacio. Se trata de un sutil método de autosugestión emocional, que aporta una contribución feng shui cualitativa a la atmósfera de las estancias.

En su libro *Düfte bewußt erfahren und nutzen* (*Conocer y utilizar los aromas de forma consciente*), Erich Keller expone cómo puede aumentar su capacidad de concentración mediante la ayuda de un candil para esencias. Prepare una mezcla de 5 gotas de romero, 5 gotas de lavanda, 5 gotas de limón y 1 cucharada de menta en el candil, o bien: 5 gotas de cembro, 5 gotas de lavanda y 5 gotas de limón.

Según Keller, mediante la elección de los aromas apropiados se puede incluso influir positivamente en un evento social como una pequeña fiesta. Para una reunión desenfadada y relajada, se recomienda una mezcla preparada a partir de 5 gotas de litsea, 5 gotas de petit grain y 1 gota de jazmín.

Dado que en la actualidad ya existen ventiladores de fragancias y candiles eléctricos, el empleo de anclas aromáticas en la oficina y las salas de conferencias constituye un método eficaz para aumentar la energía. Hoy ya se habla de «sonorización de las estancias», y el término del futuro será la «aromatización».

# Medidas feng shui positivas

Desde tiempos inmemoriales existe en el feng shui una serie de medidas tradicionales armoniosas, a las que se les atribuyen unos significados concretos. Del mismo modo, también existen proporciones desfavorables, que pueden influir negativamente en las personas.

Cuando comience a trabajar con el formato del feng shui de las medidas armoniosas (véase cuadro de la página 178), lo primero que deberá hacer es graduar una regla y una cinta métrica con cintas adhesivas de color. Para las medidas positivas, utilice el verde; para las negativas, el rojo.

Según estos baremos, mida primero su mesa de trabajo. Si ésta presenta unas proporciones desfavorables en cuanto a su superficie, así como en su altura y anchura, dispone de varias opciones: pegue cinta adhesiva (si le es posible, roja) en la mesa, de forma que resulten tiras de colores que simbolicen proporciones positivas en las aristas exteriores. Lo más importante es la superficie de la mesa de escribir. Puede fabricarse su propia mesa ideal si en el próximo mercadillo de materiales de la construcción compra ladrillos de hormigón poroso, que pintará después de blanco. Apile dos bases de soporte estables a una distancia favorable entre sí y a una altura armoniosa. Coloque finalmente un tablero encima de las bases, que a su vez presente unas proporciones positivas en cuanto a su longitud y anchura. Escoja, para ello, un material que le guste, por ejemplo vidrio o madera. Para los ladrillos de hormigón poroso existe un agente adhesivo especial, que les conferirá solidez.

Básese también en las medidas armoniosas chinas al adquirir marcos para cuadros, colgar pósters (distancia del suelo al marco) y en otros muchos aspectos más del hogar.

## Medidas armoniosas

*Cada 43 cm se repiten los tramos positivos y negativos:*

**Chai**  Riqueza (hasta 5,4 cm)
**Pi**  Enfermedad, intrigas (desde 5,4 hasta 10,8 cm)
**Li**  Separación y mentiras (desde 10,8 hasta 16,2 cm)
**Yi**  Ayuda y asistencia (desde 16,2 hasta 21,5 cm)
**Kwan**  Fuerza, energía (desde 21,5 hasta 27 cm)
**Chieh**  (sin especif.) Mala suerte, infortunio (desde 27 hasta 32,4 cm)
**Hai**  Ofensa (desde 32,4 hasta 37,5 cm)
**Pun**  Dinero, negocios financieros (desde 37,5 hasta 43 cm)

En el caso de que dos objetos se sitúen a más de 43 cm, deberá medir la distancia exacta que los separa y hallar las veces que se encuentra este intervalo de 43 cm dentro de aquélla. Multiplique este número por 43. Reste esta cifra a la distancia determinada entre los dos objetos. El resto le señalará si se trata de un segmento positivo o negativo. En caso necesario, rectifique la distancia de modo que obtenga una medida armoniosa.

**Primer ejemplo:** La distancia entre dos objetos es de 80 cm. Cálculo: el intervalo de 43 cm se encuentra una vez en la distancia de 80 cm.

43 x 1 = 43      80 cm - 43 cm = 37 cm
**Resultado:** hai

**Segundo ejemplo:** La distancia entre dos objetos es de 134 cm. Cálculo: el intervalo de 43 cm se encuentra tres veces en la distancia de 134 cm.

43 x 3 = 129      134 cm - 129 cm = 5 cm
**Resultado:** chai

# Apéndice

**1.** En caso de que la forma de un piso o una casa sea irregular, se trazará un marco, por ejemplo mediante un rotulador amarillo, en torno a todo el plano de planta, de forma que todos los vértices queden circunscritos en él.

**2.** Si traza las líneas diagonales desde los vértices del marco, obtendrá un punto de intersección (x) que representa el centro del piso o el edificio. A partir de este punto establezca la distribución de las direcciones que puede señalar en forma de una rosa de los vientos con las líneas prolongadas.

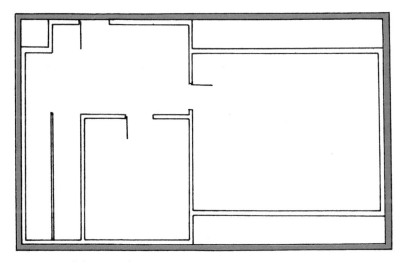

*Esquema del apartado 1.*

**3.** Finalmente divida el área enmarcada en tres secciones del mismo tamaño tanto vertical como horizontalmente, de lo que resultan entonces los nueve segmentos.

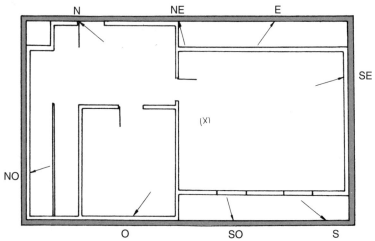

*Esquema del apartado 2.*

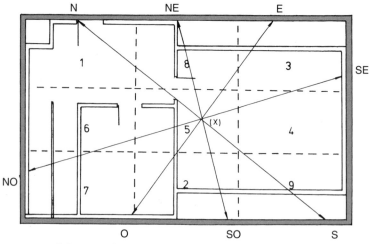

*Esquema del apartado 3.*

Con ayuda del gráfico de la página 89, asigne a cada sección los números de la brújula correspondientes a las diferentes direcciones (por ejemplo, para el norte el 1, para el sur el 9, etc.). El 5 siempre se ubica en el centro. Si, como sucede en el ejemplo anterior, en algunos segmentos coinciden dos orientaciones, deberá asignar los números de la brújula a partir de las direcciones que no induzcan a confusión, como ocurre con el norte y el sur en el caso anterior, para los que hubiera señalado un 1 y un 9, respectivamente, en los correspondientes segmentos que hacen esquina en el gráfico. A partir de aquí resulta de forma lógica el resto de direcciones: en los segmentos situados en los otros dos vértices debería indicar un 3 para el este y un 6 para el oeste.

Tenga en cuenta que si bien la suma siempre da como resultado 15 tanto en sentido horizontal, vertical como diagonal en un plano de planta en que las direcciones principales (N, S, E, O) se encuentran en las secciones centrales de los laterales, esto no es así si las direcciones primarias se hallan ubicadas en las esquinas.

En este caso, deberán hacerse las cuentas en torno a las esquinas. Así, el norte sería 1; el noroeste, 6, y el noreste, 8, lo que sumado daría 15. En diagonal también salen las cuentas: norte, 1; centro, 5; sur, 9; en total resulta 15. Esto sirve para comprobar que se han asignado correctamente los números de la brújula a las distintas direcciones. Vuelva a la página 95 para continuar trabajando en su plano de planta.

# Bibliografía

Lam Kam Chuen: *Das Feng Shui-Handbuch –Wie Sie Ihre Wohn– und Arbeitssituation verbessern* (*El manual del feng shui. Cómo puede mejorar su vivienda y su situación en el trabajo*), Joy-Verlag, 1995.

Irene Dalichow, Mike Booth: *Aura-Soma, Heilung durch Farbe, Pflanzen- und Edelsteinenergie* (*Aurasoma, curación por el color, energía de las plantas y las piedras preciosas*), Knaur, 1994.

Erich Keller: *Düfte bewußt erfahren und nutzen* (*Conocer y utilizar los aromas de forma consciente*), Scherz Verlag, 1995.

Karen Kingston: *Hogar sano con el feng shui*, Ediciones Robin-Book, 1998.

Ingrid Kraaz von Rohr: *Formen, Farben und Symbole bewußt erfahren und erleben* (*Conocer y experimentar formas, colores y símbolos de forma consciente*), Scherz Verlag, 1995.

Albert Lo: *Practical Feng Shui for the Home* (*Feng shui práctico para la casa*), Pelanduk Publications, 1995.

Raymond Lo: *Feng Shui & Destiny for Managers* (*Feng shui y el destino de los ejecutivos*), Times Books International, 1996.

Sarah Rossbach: *Feng Shui - Die chinesische Kunst des gesunden Wohnens* (*Feng shui: el arte chino para vivir de forma sana*), Knaur, 1989.

William Spear: *Feng Shui*, Ediciones RobinBook, 1996.

René A. Strassmann: *Baumheilkunde - Begegnungen und Erfahrungen mit den Heilkräften der Bäume* (*La curación por los árboles. Encuentros y experiencias con las fuerzas curativas de los árboles*), AT Verlag.

Lilian Too: Vol. 1 *Feng Shui*/Vol. 2 *Applied Feng Shui* (*Feng shui aplicado*)/Vol. 3 *Practical Applications of Feng Shui* (*Aplicaciones prácticas del feng shui*), KONSEEP LAGENDA Sdn. Bhd., 1993.

Derek Walters: *Die Kunst des Wohnens* (*El arte de vivir*), O. W. Barth Verlag, 1994.

# Índice